を動かす巨人たち

編〉

池上 彰
Ikegami Akira

a pilot of wisdom

はじめに

人々の営みによって、歴史は形づくられます。

多くの無名の人たちによっても歴史は動きますが、きわめて個性的で力のある人物によっても、歴史の進路は大きく変わります。

そこで、これからの歴史を作っていくであろう人物たちを選び、彼らが、歴史をどう作り、今後はどうしようとしているのかを考えます。題して『世界を動かす巨人たち　政治家編』です。

この人選は、私の独断です。

それは違うだろうとか、ほかの人もいるだろうとかいう意見も出てくるでしょうが、ここは私が選んだ六人をお読みください。ただし、ここで選んだからといって、私が心酔しているとは限りません。好むと好まざるとにかかわらず、重要人物なので取り上げたとお考えください。

扉デザイン／ＭＯＴＨＥＲ

目次

はじめに —— 3

第一章　東西対立を再燃させる男　ウラジーミル・プーチン —— 15

第三章　アメリカ初の女性大統領をめざす　ヒラリー・クリントン——81

エール・ロースクールでの出会い
アーカンソー州に移り、ビル・クリントンと結婚
最初の挫折と復活
大統領選挙でバッシング
医療保険改革に奮闘
相次ぐスキャンダル疑惑に悩む
夫の不倫疑惑に苦しむ
クリントン大統領、弾劾の危機に
クリントン、高い支持率を維持
上院議員に当選
軍事委員会で実績を積む
大統領選挙へ
オバマに敗北
国務長官として世界を飛び回る

第四章　第二の「毛沢東」か　習近平

第五章　独裁者化するレジェップ・タイイップ・エルドアン

第六章　イランの「最高指導者」アリー・ハメネイ――187

第一章

東西対立を再燃させる男　ウラジーミル・プーチン

写真：ロイター／アフロ

一人目はウラジーミル・プーチンです。

二〇一五年三月、ロシアがウクライナのクリミア半島を併合して一年になるのを機にロシア国内で放送されたテレビの番組で、プーチン大統領は、「核戦力を臨戦態勢に置く準備をしていた」と語りました。

東西冷戦の最中ならともかく、まさか現代に核兵器を脅しに使うとは、驚くしかありません。ロシアは、プーチン大統領の下で、明らかに、かつてのソ連（ソビエト社会主義共和国連邦）の栄光の再来を求めているように見えます。

ウクライナ東部の親ロシア派武装勢力への軍事支援を止めないのを見ても、プーチンの野心がうかがえます。

プーチン統治下におけるロシア国内では、プーチンを批判する政治家やジャーナリストが、相次いで不審な死を遂げています。実に不気味です。プーチンとは、どんな人物なのか。その生い立ちから見ていきましょう。

レニングラード包囲というトラウマ

プーチンが生まれ育った町は、ソビエト時代、レニングラードと呼ばれていました。かつての帝政ロシア時代は首都であり、サンクトペテルブルク（聖ペテロの町）と呼ばれていました。これは、建都を命じたピョートル大帝が自分と同名のキリスト教の聖人ペテロの名にちなんで付けたものです。ピョートルとは、ペテロのロシア語読みです。一七〇三年に築かれました。

フィンランドやスウェーデンに近い都市だったので、一九一七年に起きたロシア革命で樹立したソビエト政権は、外国からの干渉を恐れ、首都を国境から遠いモスクワに移しました。

政治の中心からはずれたこの町は、一九二四年、レニングラード＝レーニンの町と改名されました。ソ連が崩壊に向かう過程で、市民は元の名前に戻すことを求め、後の一九九一年、サンクトペテルブルクに戻りました。

プーチンが生まれる一一年前、レニングラードは、侵略してきたドイツ軍によって包囲されました。一九四一年九月、ドイツ軍はレニングラードに通じるすべての道を封鎖。八七二日間にわたって封鎖が続きました。絶え間ない砲撃、飢えと寒さのために市民が多数死亡しました。その数は一〇〇万人以上とも推定されています。

ドイツ軍に包囲された町は冬の寒さに燃料不足となり、家々の家具や書籍は暖を取るために燃やされました。

一九五二年一〇月七日、この町で生まれたウラジーミル・プーチンは、惨状が色濃く残る中で育ちました。ドイツ軍の包囲下で、いかに悲惨な目にあったか、両親から聞かされていたはずです。プーチンの二人の兄は、プーチンが生まれる前に早々と亡くなっています。とりわけ二番目の兄は、ドイツ軍の包囲下で病死しています。

強くなければ、自分たちの安全は守れない。プーチン少年の脳裏に、この教訓が刻み込まれたはずです。

ウラジーミル・プーチンが、どのような少年時代を送ったかは、公認の伝記ともいえる『第一人者から』（高橋則明訳『プーチン、自らを語る』）しか資料がありませんが、この伝記は、ある目的を持って作成されました。

これは、プーチン政権が誕生する前のエリツィン政権に深く食い込み、巨万の富を蓄積した実業家のボリス・ベレゾフスキーが、プーチンを大統領選挙に向けて売り出そうとジャーナリストに書かせたものなのです。

つまり、どこまで正確な事実なのか、はっきりしない部分があるのです。プーチンが、みんなに知ってもらいたいことだけが書かれている、と言ってもいいでしょう。

この結果、伝記には書かれていないことが、噂話《うわさばなし》として広まることになりました。それは、二人の兄が亡くなった後に生まれたウラジーミルは、九歳のときにプーチン家が養子に取った子だという噂です。

この噂を肯定する証拠はなく、両親の写真を見ると、ウラジーミルにはその面影がありますので、おそらくは根拠のないことなのでしょうが。

ワルだった少年時代

プーチンは、公認の伝記の中で、少年時代の自分がワルだったと強調しています。ソビエト時代、子どもたちは共産党の少年組織ピオネールに入り、首に赤いネッカチーフを巻くことになっていました。ところがプーチンは素行不良。小学校の先生が手を焼いていたため、ピオネールに入会できませんでした。クラスの中で、赤いネッカチーフを巻いていない二〜三人のうちに入っていたというのです。

その彼に、一三歳のとき、転機が訪れます。勉強に力を入れるようになり、ピオネールへの入会も認められたのです。

しかし、その後も喧嘩《けんか》っ早いことで知られていたと友人たちは証言しています。彼は、一〇歳ごろにサンボを習い始めていました。喧嘩になると、その技を使ったのです。ちなみにサンボとは、柔道や空手、レスリングを合わせたようなロシア式の武術です。

その後、オリンピック種目にある柔道に転向します。ここから日本との関わりが生まれ、柔道家プーチンとして、日本国内では好意的に見る人が増えるのです。

しかし、町で不良や態度の悪い人物とトラブルになると、彼はすぐにサンボや柔道の技を使って、相手を投げ飛ばしていたといいます。すぐにカッとなる性格を秘めているのです。

スパイに憧れる

プーチンが、KGB（国家保安委員会）というソ連時代のスパイ組織に所属していたことは、よく知られています。いまのプーチン政権の幹部の多くは、KGB時代の知人たちなのです。

プーチンがKGBに入ったきっかけは、一五歳のときに放送されたテレビ映画でした。ナチスドイツ時代にドイツでスパイ活動をしたKGBの将校を主人公にした番組で、これを見たプーチン少年は、スパイ＝KGBに憧れたのです。

実は父親も対ドイツ戦でスパイ活動をしていた経歴があります。それも影響していたのかもしれません。

KGBになりたいと考えたプーチン少年は、一六歳のとき、KGBレニングラード支部を訪ねます。応対に出てきた男性に、将来KGBで働きたいが、どうすればKGB職員になれるかを尋ねたというのです。

以下はプーチン本人の証言によりますが、プーチン少年の前に現れた男は、自らKGBに志願する人物をKGBは採用しないこと、KGBになるには、大学に行くか、軍隊に入ることだとアドバイスしたというのです。

どんな大学に行くのがいいかを聞くと、大学の法学部が望ましいという答えでした。そこで彼は、レニングラード大学法学部をめざしたのです。レニングラード大学は、ソビエトでトップクラスの高等教育機関。競争率四〇倍を突破して入学を果たしました。

プーチンの証言どおりだとすれば、このKGBの男性は、見も知らない少年に対し、大変親身になってアドバイスしたことになります。

事実、彼が四年生になると、正体不明の男が接触してきます。自分がどこに所属しているかプーチンに明らかにしませんでしたが、所属を隠すといえば、KGBしかありえません。はたしてKGBの将校でした。この面接で、将校は、プーチンがスパイ向きの男であると判断。プーチンの就職先が決まりました。

プーチンの前妻リュドミラは、国内線の客室乗務員でした。知人を通して知り合い、三年半の付き合いを経て、プーチンがプロポーズ。一九八三年に結婚して、二人の娘が生まれました。結婚当初、プーチンは、自分がKGB職員であることを隠し、警察官を装っていたそうです。

二〇一三年六月、プーチン大統領は、リュドミラと離婚したことを国営放送のインタビューに答えて明らかにしています。

一方、プーチン大統領の恋人情報が、二〇〇八年四月、モスクワの大衆紙に書き立てられました。「プーチン大統領が離婚し、近く若い女性と再婚する」と報じたのです。相手は、二〇〇四年のアテネオリンピックの新体操個人総合で金メダルを獲得したアリーナ・カバエワです。プーチン大統領より三一歳も年下で、プーチン大統領との仲が噂になった二〇〇八年四月の段階で、プーチン五五歳、カバエワ二四歳でした。

ちなみに、この記事を掲載した新聞は、オーナーの怒りを買って、廃刊に追い込まれました。また、この記事を書いた記者は、三年後、モスクワ市内の自宅のアパートを出たところで何者かに襲われ、一命はとりとめましたが、瀕死の重傷を負っています。

渦中のカバエワは、未婚のまま二〇〇九年に男児を、二〇一二年には女児を出産しました。父親が誰かは発表されていませんが、多くの人は、ある顔を思い浮かべています。

KGBで東ドイツに赴任

KGBに入ったプーチンは、当初はレニングラード支部に配属されましたが、次にモスクワで研修を受けた後、一九八五年、東ドイツのドレスデンに配属されました。プーチンはドイツ語が堪能で、ドイツ語要員として養成されていたのです。

ただし、配属先は東ドイツのドレスデン。憧れのベルリンではなく、西ドイツのソ連大使館でもありませんでした。かなり地味な仕事で、もっぱらドレスデン工科大学などに留学する外国人学生を監視したり、外国人学生をスパイとしてリクルートしたりすることが仕事だったようです。

プーチンはドイツ語が堪能だということで、いつも私が気になることがあります。それは、ドイツのメルケル首相と会話をするとき、何語で話しているのか、という疑問です。と言うのも、メルケル首相は、幼少期から東ドイツで育ったからです。東ドイツの学校ではロシア語が必修でしたから、ロシア語が堪能なはずなのです。さて、二人は何語で話しているのか。お互い母国語で話し、相手の言っていることをそれぞれ理解している、ということなのでしょうか。

東ドイツ崩壊に直面

一九八九年一一月、ベルリンの壁が崩壊します。プーチンにとっては、衝撃的な出来事だったことでしょう。

翌月、東ドイツ国民は、東ドイツの国家保安省（シュタージ）ドレスデン支部に押しかけ、中に入れるように求めます。自由を求める国民は、自分たちを監視してきた秘密警察の解体を要求したのです。

プーチンが勤務するKGB支部は、この建物の向かいにありました。プーチンは一人で群集の前に出て、「これ以上、敷地に入ってきたら、建物を守るために発砲する」と断言します。その迫力で、群集を追い払ったのです。

実に胆力のある男だとわかります。彼は、国家の崩壊や、秘密警察が機能しなくなる様子を目撃したのです。この悲劇は、彼の心に深く刻み込まれたはずです。ドイツ軍によるレニングラード包囲と、東ドイツの崩壊。どちらもプーチンにとってのトラウマになったはずです。

東西ドイツが統一されたことにより、KGBドレスデン支部は機能しなくなり、プーチンは、レニングラードに戻ります。母校のレニングラード大学に学長補佐官として勤務することになりました。とはいえ、KGB将校の身分のままでした。レニングラード大学の様子をスパイする役割が与えられたのかもしれません。

このころ、プーチンが大学生のころに教わっていたアナトリー・サプチャク教授と親しくなります。当時サプチャクは、改革派として知られるようになっていました。これ以降、プーチンはサプチャクと行動をともにし、政治の世界に乗り出します。

政界に乗り出す

一九九〇年、プーチンはＫＧＢに辞表を提出します（辞職は翌年）。ソ連末期のＫＧＢに愛想を尽かしたのかもしれませんが、真相は不明です。

一九九一年六月、サプチャクがレニングラード（同年九月にサンクトペテルブルクに名称変更）市長に当選すると、プーチンは翌年、副市長に任命されます。

サプチャクの下で陰の実力者として活躍したため、プーチンは「灰色の枢機卿《すうききょう》」と呼ばれました。枢機卿とはキリスト教ローマ・カトリックの要職。別にプーチンは枢機卿ではありませんでしたが、いつも無表情のプーチンの容貌を考えると、「灰色」と呼ばれる理由がわかる気がします。

一九九六年、サプチャクがサンクトペテルブルク市長選挙で敗れて退陣すると、プーチンも、引き止める声を振り切って辞職します。主君に殉ずるという姿勢は、スパイにとって、大事な資質です。こうした態度が、その後、プーチンがモスクワに呼ばれて出世の階段を歩んでいく上で有利に働いたのでしょう。

その後、ロシア大統領府から呼ばれて、大統領府総務局次長に就任。さらに一九九七年にはロシア大統領府副長官兼監督総局長に就任しました。

資源を対外政策の武器に

この時代の一九九七年、プーチンはサンクトペテルブルク国立鉱山大学に論文を提出して、経済学準博士の学位を得ています。準博士というのは、ロシア独特のもので、博士と修士の中間に位置する学位です。

ただし、この論文は「盗作ではないか」との疑惑があります。二〇〇六年になって、アメリカのロシア問題専門家二人が、この論文は、アメリカ人の経営学者がアメリカで出版し、一九八二年にソビエトで翻訳が出た書籍の丸写しだと指摘したのです。

プーチンが準博士の学位を得たことは、『プーチン、自らを語る』の中に登場しません。学位の取得は本来、伝記を編む上で必須のイベントでしょう。それが、まったく述べられていないことは、本人が学位を取得したことに触れたくなかったことを物語っているようにも見えます。

プーチン本人が執筆したかどうかはともかく、この論文の骨子は、豊富な資源を国家の管理下に置くことの重要性を論じたものです。その後のプーチン政権は、そのとおりのことを実践していくことになります。

スパイ組織のトップに就任

一九九八年七月、プーチンは、ＫＧＢの後身であるロシア連邦保安庁（ＦＳＢ）の長官に就任します。

ソ連時代のＫＧＢは、国内外での情報収集や暗殺などに手を染める巨大な組織でしたが、ソ連崩壊後、ＫＧＢの機能は、国内のスパイ機関であるＦＳＢと、国外で情報収集に当たるロシア対外情報庁（ＳＶＲ）とに分割されました。

ソ連時代、世界各地のソ連大使館にいたＫＧＢのスパイは、現在はＳＶＲのスパイに衣替えしています。

プーチンは、再びスパイ組織に入ったのです。今度は、トップとして。FSBの長官として、プーチンはエリツィン大統領を徹底して守り抜きます。

このとき、プーチンを引き立てたボリス・エリツィン大統領は、ユーリ・スクラトフ検事総長に狙われていました。エリツィンを大統領の座から引きずり降ろしたいと考えた検事総長は、エリツィン一族の汚職捜査の指揮を執っていました。ところが突然、公共放送が、盗撮映像を放送します。検事総長が二人の売春婦と思《おぼ》しき女性とじゃれあっている映像でした。しかもプーチンFSB長官は、「ビデオを鑑定した結果、検事総長に間違いない」と語ったのです。

女性スキャンダルで狙った相手を追い落とす。まさにKGBの手法でした。誰が仕組んだか明白でしたが、これにより、プーチンは、ますますエリツィンに信頼されるようになったのです。

当時、プーチンFSB長官が、どのように振る舞っていたかを示すエピソードがあります。プーチンをエリツィンの後継者にしようと考えていた富豪のベレゾフスキーは、しばしばFSB長官だったプーチンを訪ねましたが、プーチンは、長官室では内緒の話はしようとしなかったというのです。どうしても機微に触れる内容を話すときは、長官室を出て、業務用のエレベーターの中で会話したというのです。

KGBの伝統を受け継いだFSBは、建物の各部屋に盗聴器を仕掛けていました。そのことを知っていたプーチンの盗聴防止策だったのです。

疑惑のアパート爆破事件

一九九九年八月、プーチンは、エリツィン大統領によって、第一副首相に任命されます。その日のうちに首相が解任されたことで、プーチンは、そのまま首相代行になります。さらに一週間後、正式に首相に就任しました。エリツィン大統領が、プーチンを自分の後継者に考えていることを明らかにしていたこともあり、そのための体制づくりの一環でした。

このとき、プーチンが、「強い男」であることを国民に示す事件が起きます。

一九九九年八月から九月にかけて、ロシア各地のアパートが連続して爆破される事件が相次いで起きたのです。ロシアの人々は、ロシアからの独立を求めているチェチェン人によるテロ事件だと考え、反チェチェン感情が盛り上がります。プーチンは、この世論を追い風に、ロシア軍をチェチェンに送り込み、徹底した弾圧で、チェチェンの独立運動を抑え込みました。これでプーチンの人気が高くなり、エリツィンの後継者であるという不動の地位を獲得しました。

ところが、一連の爆破事件は、チェチェン過激派の仕業と見せかけたものではないかという疑惑が持ち上がります。

一連の爆破事件の最後の事件は、リャザン市で起きました。アパートに爆発物が入った袋が置いてあるのを住民が発見したのです。通報で駆けつけた警察によって爆破は未然に防止できました。一連の事件で使われたのとまったく同じ爆発物で、午前五時半に爆発するようにタイマーがセットされていました。

ところが、これは、その後、FSBによる演習だったということになります。爆発物ではなく砂糖が入っていたと、FSBが発表したのです。

こうしたことから、プーチンの人気を高めることになった一連の爆破事件は、FSBによる自作自演の疑いが濃いものになったのですが、当然のことながら、その後の捜査は行われず、真相は不明です。

しかし、かつてのKGBは謀略を仕掛けるのを得意技としてきました。KGB流の仕掛けによって、チェチェンを攻撃するチャンスを作ったという疑惑が残るのです。

チェチェンを封じ込めたプーチンの人気は高まり、一九九九年一二月、健康上の理由で引退を宣言したエリツィンによって大統領代行に指名されました。

大統領代行になったプーチンが最初に行ったのは、大統領経験者とその一族の生活を保障するという大統領令に署名することでした。

つまり、エリツィンに不逮捕・不起訴特権を与え、エリツィン一族による汚職を追及しないと確約するものでした。エリツィンがプーチンを後任に選ぶ見返りの取引だったのではないかと見られました。

かくしてウラジーミル・プーチンは、ついに大統領への切符を手にすることになりました。ソ連時代のスパイが、新生ロシアのトップに上り詰めたのです。

大統領就任後の野望

さて、ここまでは、プーチンが大統領になるまでの道のりを紹介しました。

ソ連時代、スパイに憧れ、KGBに入ったプーチンは、東西冷戦時代、旧東ドイツに派遣され、ベルリンの壁の崩壊と東ドイツの消滅を目の当たりにしました。さらには祖国・ソ連の崩壊。プーチンにとって、これは大変な「悲劇」でした。この悲劇を繰り返さない。この決意が、その後の彼の足取りを決定づけます。

東ドイツから帰国したプーチンは、故郷サンクトペテルブルクの副市長に就任。そこからモスクワのロシア大統領府に移り、出世の階段を歩みます。エリツィン大統領の信任を受け、ついにはエリツィンから大統領代行に指名され、二〇〇〇年三月、大統領選挙で過半数の票を獲得。決選投票なしで当選を決めました。

二〇一五年一〇月に六三歳の誕生日を迎えたプーチン大統領は、自分の野心を隠すことがありません。ここからは、大統領就任後の彼の野望について取り上げます。

プーチン、「強いロシア」めざす

ついに大統領に上り詰めたプーチンは、「強いロシア」の再建をめざします。地方政府の権限を少しずつ剝奪し、地方の知事の解任権を獲得。中央集権化を進めたのです。

さらに大統領に就任後の二〇〇〇年一二月には、ソビエト時代の国歌を復活させました。ソビエト時代の国歌は、脱ソ連を進めていたエリツィン大統領によって廃止され、「愛国歌」が暫定の国歌になっていましたが、歌詞がなく、定着していませんでした。

そこにプーチン大統領が、歌詞を変えるかたちで、ソビエト時代の国歌のメロディーを復活させたのです。

これは、大国ソビエトを懐かしむ人々からは歓迎されました。反面、周辺国からは、「ソ連の復活を狙ったもの」と警戒されることになったのです。

ソビエト崩壊後、経済の混乱が続いていたロシアは、プーチンが大統領に就任したころから、原油価格が上昇したことで、国家の収入が増え、経済は次第に上向きになっていきます。経済成長は原油価格の上昇が理由だったのですが、多くの国民は、「プーチン大統領になって経済がよくなった」と受け止め、高い支持率を維持するようになります。

オリガルヒからシロビキ優遇へ

エリツィン大統領は、社会主義国家ソ連を解体し、ロシアを市場経済にもとづく資本主義国家として再生しようと考え、国有企業の民営化を進めました。

この過程で、国有企業の経営者たちは、ただ同然で会社を私物化。新興財閥が形成されていきます。これは、寡頭制という意味の「オリガルヒ」と呼ばれました。剝《む》き出しの資本主義経済を徹底させると、独占資本が生まれる。皮肉なことに、社会主義が崩壊した国家で、マルクスが予言したとおりの独占資本主義が成立したのです。

独占資本は、自らの利益のために政治に接近し、政治への影響力を強めます。「国家独占資本主義」と呼ばれる政治経済体制です。

オリガルヒの典型は、旧ソ連ガス工業省が中心となって形成されたガスプロム・グループや、旧ソ連時代の三つの石油採掘企業から構成されたルクオイル・グループなどです。こうして成立した新興財閥は、連邦レベルから地方レベルまで、政治家や官僚機構と癒着を深めていきます。

この過程で政治家や官僚に影響力を行使するためにテレビや新聞を中心とするメディア支配も強めました。

プーチンを引き立てた富豪のボリス・ベレゾフスキーは、安全保障会議副書記など政府高官の地位を確保。エリツィンの次女とも強い結びつきを持ち、「政商」や「政界の黒幕」の名をほしいままにしました。

こうした政治と新興財閥の癒着は、大多数の国民の反感を買うようになります。それまでのソ連は、形ばかりだったとはいえ、平等を重視していました。それが、突然、格差社会がもたらされ、新興財閥が甘い汁を吸うのを目撃したのですから。

こうした国民の反感を感じ取ったのか、プーチンは、大統領就任後、新興財閥と対決姿勢を取ります。ロシアの検察は、ガスプロムやルクオイルに対して、脱税などの容疑で捜査を開始。ボリス・ベレゾフスキーらは壊滅的打撃を受けます。

プーチンは、オリガルヒとは対決する一方で、警察・軍出身者の「シロビキ」を登用します。シロビキとは、ロシアの政治ジャーナリズムの世界で、治安や国防関係省庁の職員とその出身者のことを言います。

これに対して、反発する新興財閥も出てきます。石油会社ユコスのミハイル・ホドルコフスキー社長は、プーチン政権を批判し、野党に資金援助をします。これがプーチン大統領の怒りを買いました。

ホドルコフスキー社長は、脱税容疑などで検察に逮捕・起訴されて有罪となり、シベリアの刑務所に収監されます。後にユコスは解体され、国営企業のロスネフチに吸収されてしまいます。

これには欧米各国が批判を強めました。二〇一三年一二月、ホドルコフスキーは大統領の恩赦で刑務所を出て、ドイツへの出国が認められましたが、プーチン大統領に逆らうとどんな目にあうか、内外に知らしめる事件となりました。

政府に歯向かわなければ優遇する一方、少しでも逆らえば追い詰める。エネルギー関連事業は、国営企業に集中させる。これが、プーチンが描いたロシアのビジョンだったのです。

二期目の大統領選で圧勝

そして二期目の大統領選挙。二〇〇四年の大統領選挙で、全体の七〇パーセント以上の得票率で圧勝しました。すると、地方の知事を直接選挙から大統領による任命制に改め、一段と中央集権化を進めました。

このころ、原油も天然ガスも価格が高騰してロシアは大きく潤います。ただし、国家の収入の多くが、エネルギー資源に依存するという不健全な経済体制が続き、将来への不安材料となりました（事実、二〇一四年になって原油価格が下落すると、ロシア経済は大打撃を受けることになります）。

とはいえ、経済成長の進む中、プーチン政権の二期目は、政治手法が次第に強引になり、欧米各国から批判を受けるようになります。ロシアが急激に変わってしまう。そう感じた人が多かったはずです。

プーチン批判者が次々に不審死

とりわけ世界を驚かせたのが、プーチン政権を批判する人たちが、次々に不審な死を遂げたことです。

二〇〇六年一〇月、プーチン政権の手法を批判する記事を精力的に執筆していた新聞記者のアンナ・ポリトコフスカヤが、自宅アパートで何者かに射殺されました。

ポリトコフスカヤ記者は、とりわけチェチェンでの親ロシア派政権による住民弾圧を告発する記事を書いていました。警察は、これに反感を持ったチェチェン人が主体となった暗殺事件だったとして、チェチェン人など六人を逮捕。起訴して捜査は終わりましたが、六人は単なる実行犯。背後に何があったかは解明されていません。

また、翌月には、プーチン政権を批判してイギリスに亡命していたアレクサンドル・リトビネンコが、ロンドン市内で何者かに毒を盛られて死亡しました。

リトビネンコは、元KGB職員で、ソ連崩壊後、KGBがFSBに改組された後は、F

ＳＢの中堅職員でした。

彼は一九九八年、ＦＳＢの同僚とともに記者会見を開き、上司からボリス・ベレゾフスキーの暗殺を指示されたと発表。その後、ＦＳＢによって、たびたび逮捕されるという迫害を受け、二〇〇〇年にイギリスに亡命していました。彼が暴露会見をした当時のＦＳＢの長官はプーチンでした。

二〇〇二年に出版した本の中でリトビネンコは、一九九九年にモスクワなど各地で発生したアパート連続爆破事件は、チェチェン侵攻の口実を得ようとしたＦＳＢによる偽装テロだったと告発しています。先述したように、このテロは、独立派チェチェン人テロリストによるものとして、ロシア軍がチェチェンに侵攻するきっかけになりましたが、最後のテロの際にＦＳＢ職員の不審な動きが目撃されていました。

彼の存在は、プーチン政権にとって目障りだったことは明らかです。だからといって、プーチン政権の関与が証明されたわけではありませんが、彼が盛られた毒は、放射性物質のポロニウム２１０という特殊なものでした。この放射性物質は、大掛かりな原子炉施設がなければ製造できないもの。国家的な組織の関与がなければ不可能な暗殺だったのです。

二〇〇七年になって、イギリスの警察は、容疑者として元ＫＧＢ職員のアンドレイ・ルゴボイを特定し、ロシア政府に身柄の引き渡しを求めましたが、ロシア政府は、これを拒否。イギリス政府は抗議として駐英ロシア大使館の外交官四人を国外追放し、ロシアも対抗してイギリス外交官四人を国外追放する手段に出て、イギリスとロシアの関係は悪化しました。容疑者のルゴボイは、なんと二〇〇七年一二月のロシア下院議員選挙に立候補して当選してしまいました。

二〇一六年一月、イギリス内務省の調査委員会は、リトビネンコの暗殺についてプーチンが承認していた可能性があるとする報告書を公表しました。

反プーチンで暗殺された人物として、記憶に新しいのは、二〇一五年二月にモスクワ市内で何者かに射殺された野党指導者のボリス・ネムツォフでしょう。

彼はエリツィン大統領の時代の一九九七年には第一副首相に登用されましたが、経済の自由化路線が嫌われ、翌年に解任されます。その後は、下院議員選挙に立候補して当選。改革派やリベラル派の結集をめざしましたが、プーチン政権下でリベラル派が衰退するとともに、下院議員選挙に落選。野党「人民自由党」の指導者としてプーチン政権批判を続けていました。

彼は、ウクライナでの内戦で、ロシア軍がウクライナに介入している証拠があるので近く公表すると発表。その直後に暗殺されたのです。

ソ連時代には言論や表現の自由がなく、反政府の言論活動は取り締まられました。ロシアになって、言論・表現の自由が得られましたが、プーチン政権下では、生命の危険を冒さなければ自由を確保できなくなってしまったのです。

任期延長のウルトラC

二期目の大統領就任で政権基盤を固めたプーチンは、二〇〇七年、人々をあっと驚かせる奇策を打ち出します。任期満了で大統領を退任したら、今度は首相に就任して政界に留《とど》まるというのです。

二〇〇七年一二月、プーチン大統領は、第一副首相のドミトリー・メドベージェフを後継者に指名。指名を受けたメドベージェフは、自分が大統領に当選したら、プーチンを首相に指名することを明らかにします。

翌三月の大統領選挙では、プーチン路線を引き継ぐことを訴えて圧勝しました。

メドベージェフは、プーチンと同じくソ連時代のレニングラード出身で、同じくレニングラード大学法学部を出て、これまたプーチンと同じく、サンクトペテルブルク市長のアナトリー・サプチャクを支えることで、プーチンと知り合いました。

プーチンがモスクワに移って政治の階段を上ると、メドベージェフも、忠実な後輩としてプーチンに従ってきました。二〇〇〇年の大統領選挙では、プーチン陣営の選挙対策責任者としてプーチン当選に貢献しました。プーチンが安心してリモートコントロールできる人物だったのです。

二〇〇八年五月、ロシア連邦の第三代大統領に就任したメドベージェフは、プーチンを首相に指名。議会下院で承認されました。

ロシアでは、ソ連の時代から、政治家を皮肉ったアネクドート（小話）が数多く作られてきました。アネクドートは、ソ連のような専制統治時代に傑作が数多く生まれました。

たとえば、ソ連時代、アメリカ人とソ連人が、どちらの国がより言論の自由があるかを自慢し合った、という話があります。

アメリカ人「我々は自由の国だ。ホワイトハウスの前で、アメリカ大統領はバカだと叫んでも、逮捕されることはないぞ」

ソ連人「それは我々も同じだ。クレムリンの前で、アメリカ大統領はバカだと叫んでも逮捕されることはない」

しかし、ソ連が崩壊し、ロシアになって言論が自由になると、アネクドートに傑作が少なくなります。言論が抑圧されている方が、傑作が生まれやすいというわけです。

そのロシアで、プーチン時代になると、再びアネクドートの傑作が生まれるようになりました。

メドベージェフが大統領に就任した際、次のようなアネクドートが流行《はや》りました。

「プーチンは、なぜメドベージェフを後継者に選んだのか？　メドベージェフが自分よりも背が低いから」

メドベージェフの身長は一六二センチ。身長一六八センチとされ、男としては背が高くないプーチンよりさらに背が低いのです。背が低いことにコンプレックスを持っているプーチンが、安心して選ぶことのできた人物ではないか、というわけです。

それはともかく、メドベージェフは権力欲を示すことがなく、プーチンは安心して後継指名できたというわけです。自分が再び大統領になると宣言したときに、必ず地位を譲ってくれるであろうと安心できたのです。

それまでロシア大統領の任期は四年でしたが、メドベージェフ大統領時代、次の大統領から任期が六年に延長されました。プーチン大統領から託された最重要課題は、これだったのでしょう。

再び大統領に

任期が延長されたのを受けて、二〇一二年に実施された大統領選挙に、プーチンは再び立候補。得票率約六三パーセントを獲得して、再び大統領の座に返り咲きました。

大統領当選が決まった二〇一二年三月四日、クレムリン近くの広場で開かれた支持者の集会で勝利宣言をした際、プーチンの頬に涙が伝いました。それまで圧倒的な支持を得てきたプーチンに対して、前年から反プーチンの運動が盛り上がるようになり、モスクワ市内では、たびたび反対デモが実施されるようになってきました。それだけに、決選投票なしで大統領に戻れたことへの安堵《あんど》の気持ちだったのでしょう。

しかし、モスクワ市内での得票率は約四七パーセントで過半数に達しませんでした。地方票に支えられ、都市部では支持が低いことが明白になったのです。

二〇一二年五月、プーチンは正式に大統領に就任しました。二〇〇八年に憲法が改正されて任期が六年に延長になったので、任期満了は二〇一八年ですが、さらに次期大統領選挙で再選されれば、二〇二四年まで大統領の座に留まることが可能になります。二期八年プラス二期一二年の計二〇年間の長きにわたり、大統領を務める可能性があるのです。

いったん大統領の座を退くというウルトラCを使い、民主主義政治の下で、長期独裁政権を維持できるのです。

「マッチョ」ぶりを誇示

プーチンは、しばしばマッチョぶりを見せつける演出をして、話題になります。柔道を続けてきたことは日本でも知られていますが、それ以外にもスキーやアイスホッケーに打ち込んでいる姿をテレビで放映させています。夏は水泳や釣りのシーンで、上半身裸になり、筋骨隆々たる姿を誇示しています。

二〇〇八年九月、首相時代のプーチンが、視察に訪れた極東の森で、罠《わな》から逃げだしたアムール・タイガーを麻酔銃で撃って眠らせ、居合わせた国営テレビの取材スタッフの命を救ったというニュースが放送されました。

虎は、麻酔が効きすぎたのか、まもなく死亡してしまいます。

ところが、しばらくして、思わぬことが判明します。ハバロフスクの動物園で飼われていたおとなしい虎が姿を消していたのです。飼育係が、あらかじめ麻酔をかけて虎を森に放ち、プーチン首相が麻酔銃で撃てるように細工していたというのです。

あらかじめ麻酔をかけた上で、麻酔銃で撃たれたのですから、麻酔が効きすぎ、生命に関わる事態になったのでしょう。

これは演出がバレてしまいましたが、プーチンの筋肉質の体を見ると、日頃からトレーニングを欠かさないことがわかります。「強いロシア」を実現するには、「強い指導者」でなければならないのです。

ロシアの国民にとって「強い指導者」とは、かつての独裁者スターリンです。海外では、とんでもない独裁者として知られていますが、古き良き時代を懐かしむ高齢者にとって、スターリンは、「強いソ連」のシンボルなのです。

「広大な領土を統治し、内外の敵から国民を守らなければならない指導者は、肉体的にも壮健である必要がある。すべからく国政を預かるリーダーは、このような要請には応えねばならない。これは、プーチンならずともロシアの指導者たちがすべて踏襲すべきとみなすロシア式伝統なのかもしれない」（木村汎『プーチン』）

アメリカと対決姿勢に

初期のプーチン政権は、アメリカとの協調姿勢が目立っていました。

二〇〇一年九月一一日のアメリカ同時多発テロ以降は、アメリカ軍がアフガニスタンのタリバンを攻撃する際、かつてソ連の一部だった中央アジアにアメリカ軍が駐留することを容認しました。

これにはロシアの事情もあったと見られています。当時ロシアは、チェチェンの独立運動に手を焼いていました。強硬な態度で弾圧したため、欧米の人権団体から、人権を無視した非人道的な行為だと厳しい批判も浴びていました。

しかし、チェチェンに対する弾圧も、「テロとの戦い」と主張し、アメリカの「テロとの戦い」に協力することで、批判を逃れようとしたのではないか、ということです。

事実、これ以降、アメリカ政府は、ロシアのチェチェン政策に口出しを避けるようになります。

しかし、かつてソ連の一部だった諸国や、かつてのソ連の衛星国だった東欧諸国がアメリカやEU、軍事同盟のNATOに接近する姿勢を見せると、この動きに露骨にブレーキをかけるようになります。アメリカが、イランへの対抗策として東欧のチェコとポーランドにミサイル防衛システムを配備する計画を明らかにすると、これを、ロシアを対象にしたものだと猛反発します。

チェコやポーランドにミサイル防衛システムが配備されると、イランからのミサイルを撃墜することが可能になりますが、同時に、ロシアからヨーロッパ各国に向けて発射されたミサイルも撃ち落とすことが原理的に可能だからです。こんな防衛システムが配備されると、ロシアがヨーロッパ各国に対して脅しとなるミサイル攻撃の効果が消えてしまう、というわけです。

「脅しが使えなくなるから、やめろ」

これがロシアの論理なのです。

しかし結局、二〇〇八年にミサイル防衛システム協定は調印されました（翌年大統領に就任したオバマは計画を見直し、チェコとポーランドへの配備は中止されました）。

アメリカと対決姿勢を強めるロシア。まるで東西冷戦時代に逆戻りしたかのような行動にも出るようになりました。二〇〇七年八月には、長距離戦略爆撃機によるロシア国外への常時警戒飛行を再開していたことを認めています。

東西冷戦時代、アメリカもソ連も、相手の首都に届く核ミサイルを搭載した爆撃機を、常時上空に待機させていました。もし相手の国から核ミサイルが飛んできて、地上の軍事施設が破壊された場合、空中待機していた爆撃機が核ミサイルで報復攻撃できるようにしていたものです。

ソ連が崩壊して以降、ロシアには、これを維持するだけの能力がなくなり、一九九二年から飛行を停止してきました。それを復活させたというのです。ロシアがアメリカをまったく信用していないことがわかります。

クリミア半島を併合

ロシアの恐ろしさを世界が再認識したのは、二〇一四年三月のことでした。ウクライナで政変が起き、親ロシア派の政権が倒れると、ウクライナ領のクリミア半島を、ロシアに併合してしまったからです。

クリミア半島は、かつてはロシア領でしたが、ソ連時代、フルシチョフ第一書記が、ロシアからウクライナに管轄を移していました。ロシアもウクライナもソ連で一緒だった時代は、何の不都合もありませんでしたが、ソ連が崩壊し、ウクライナが独立を果たすと、クリミア半島はロシアから切り離されてしまいました。これをなんとか取り戻そうと、プーチン大統領が動いたのです。

クリミア半島は、ウクライナの一部でありながら、「自治共和国」として高度な自治が認められていました。その権限を使って住民投票を実施し、ロシアへの編入に賛成する票が圧倒的だったとして、ロシアが併合したことになっているのですが、住民投票の前には、正体不明の武装勢力が要所を制圧。軍事力を背景に住民投票を実施しました。

このときプーチン大統領は、「ロシア軍はウクライナに存在しない」と言い張っていたのですが、一年後、実はロシア軍二万人を送り込んでいたことを認めました。当時は平然とウソをついていたのです。

その後もロシア軍は、ウクライナ東部で親ロシア派武装勢力を支援。ウクライナが全体としてEUやNATOに加盟しないようにブレーキをかけています。プーチン大統領は、かつてのソ連圏が〝敵方〟に寝返ることを許そうとはしないのです。

北方領土問題に硬軟使い分け

ロシアと日本の間には、北方領土問題が横たわっています。第二次世界大戦の終戦のドサクサにまぎれて北方四島を占領したソ連は、一九五六年、日ソ共同宣言で、平和条約を締結後は、歯舞《はぼまい》群島と色丹《しこたん》島を日本に引き渡すことを認めました。

しかし、その後も平和条約の話し合いは進まず、また国後《くなしり》島、択捉《えとろふ》島に関しては、日本に引き渡す姿勢を見せていません。

この問題について、プーチン大統領は、二〇一二年三月、「引き分け」という言葉を使って、解決に意欲を見せました。この「引き分け」とは、四島のうちの二島を返還することを意味するのか、日本が四島全面返還を求め、ロシアが二島返還を打ち出してきたので、その間の三島を意味するのか、それとも面積の半分で折り合おうとしているのか等々、真意を巡って憶測が飛び交いました。

しかし、ロシアがクリミア半島を併合したことに対して、日本も欧米と歩調を合わせて経済制裁を科して以来、話し合いは進んでいません。

現代版ピョートル大帝に？

プーチン大統領は、かつてのロシアのピョートル大帝を尊敬し、執務室に肖像画を飾っていると言われています。

ピョートル一世は、初代のロシア皇帝であり、戦争で領土を拡大したことから、ピョートル大帝と称されます。バルト海から黒海までの広い範囲に覇権を確立し、海軍を創設。ロシア正教を国家の管理下に置き、絶大な権力を掌握。ロシア帝国を打ち立てました。

ソ連の栄光を再び。ロシア帝国の栄光を再び。これがプーチン大統領の夢なのでしょう。

そのためには、強い指導者であり続けなければならない。

プーチン大統領の野望を知れば、今後のプーチン政権の行方、ロシアの政策の方向も見えてくるのではないでしょうか。

しかし、その一方で、独裁者には耳の痛い情報が入らなくなるというのは、古今東西の歴史が示してきました。プーチン大統領が独裁色を強めれば強めるほど、国家の弱点が見えなくなります。

また、すべては独裁者プーチンの言うとおりに動くようになると、プーチンの指示がなければ誰も動かなくなります。さまざまな機能がマヒしていくのです。これもまた、ロシアの未来の姿かも知れません。

ウラジーミル・プーチンは、世界を動かしてきた人物の一人であることに間違いはなく、今後も世界を動かすでしょう。ですが、後世の歴史家は、また別の評価を下すかも知れないのです。

第二章

第二の「鉄の女」　アンゲラ・メルケル

写真：ロイター／アフロ

二〇一五年に再燃したギリシャの財政危機。ギリシャの新政権は、緊縮財政を中止する方針を打ち出す一方、EUに対して債務の減免を要求しました。これに対してEUの首脳とりわけドイツのアンゲラ・メルケル首相は、強硬な態度で臨みました。債務の減免には応じず、ギリシャに、引き続き厳しい緊縮財政を継続するように求めたのです。

これには、ギリシャの新政権もついに折れ、EUの要求どおり、緊縮財政を継続することを法律で決めざるを得なくなりました。これを欧米のメディアは、「メルケルの勝利」と報じました。

二〇〇九年に発覚したギリシャの財政赤字隠しは、イタリアやスペインなどに飛び火して、ユーロ危機を引き起こしました。しかし、「緊縮財政に努めるなら援助する」というドイツ主導のEUの方針により、見事に危機を乗り切りました。

メルケルの手腕は、ウクライナ危機でも発揮されました。東欧のウクライナは、EUを向く西部と、ロシアを向く東部とに分断され、内戦状態が続いてきました。

これに対してメルケルは、二〇一五年二月、ロシアのプーチン大統領も交えての和平交渉を推進し、とりあえずは停戦に持ち込むことに成功しました。

ヨーロッパの危機はメルケルがいるから大丈夫。二〇一五年六月、ドイツで開かれたサミット（主要国首脳会議）を取材中、国際メディアセンターで私が話を聞いたイギリス人ジャーナリストは、メルケルを「現代の鉄の女」と称しました。「鉄の女」といえば、かつてのイギリスのサッチャー首相のこと。それ以来の傑出した女性だという評価です。

これが、世界を動かす巨人たちの二人目にメルケルを選んだ理由です。

ドイツ帝国が世界を破滅させる？

メルケル首相の下、ＥＵでも世界でも存在感を高めているドイツ。フランスの歴史人口学者のエマニュエル・トッドは、二〇一五年刊行の『「ドイツ帝国」が世界を破滅させる』という挑発的な題名の書で、フランスに対して、ドイツの「危険性」に気づくように呼びかけています。

「第二次世界大戦の地政学的教訓があるとすれば、それはまさに、フランスがドイツを制御し得ないということである。ドイツが持つ組織力と経済的規律の途轍《とてつ》もない質の高さを、そしてそれにも劣らないくらいに途轍もない政治的非合理性のポテンシャルがドイツには潜んでいることを、われわれは認めなければならない」（堀茂樹訳）

フランス人は概してドイツのことを好きではありません。たびたびドイツのパワーに圧倒されてきたからです。トッドのこの指摘に関して、私がトッドに「あなたはドイツが嫌いなんですね？」と質《ただ》したら、「そんなことはない。私はドイツを高く評価している」という答えが返ってきました。

好き嫌いは別として、現代のドイツは、再び周辺諸国から警戒感を持って見られるほどに強大になったということなのでしょう。

メルケルを高く評価したイギリス首相

トッドはメルケルに対して警戒感を隠しませんが、メルケルが首相に就任した際、高く評価した政治家がいます。イギリスの首相だったトニー・ブレアです。
二〇〇五年、選挙に勝利して首相に就任したときのメルケルの印象について、こう記しています。
「私は彼女が個人的にも好きになった。初めはなんとなくシャイでよそよそしくさえ見えたが、こちらにすぐ伝わってくるきらめきがあった。私は彼女が正直で、直観的に気心が合うと感じ、うまくいくようになった」（トニー・ブレア著、石塚雅彦訳『ブレア回顧録』）
その後、二〇〇七年には、ブレアは退陣を前にして、こう書いています。
「彼女はドイツの首相になってほぼ二年だったが、完全に定評のある存在になっていた。私はすでに彼女とは本当にうまくいくようになっており、彼女を非常に気に入っていた」（同前）
このように評価されるメルケルは、旧東ドイツで育ちました。社会主義国で育ったメルケルが、どうして統一ドイツの首相になれたのでしょうか。

東ドイツで育ったメルケル

メルケルは、一九五四年、当時西ドイツだったハンブルクで、ポーランド系の牧師の父親と英語・ラテン語教師の母親との間に生まれました。当時の名前はアンゲラ・ドロテア・カスナーです。

生後数週間で、父親が、東ドイツにあるプロテスタントのルター派の教会に牧師として赴任することになり、家族で東ドイツに移り住みます。以後、社会主義体制の東ドイツで成長するのです。

父親が所属する教会の会派は、東ドイツ政府からは「進歩的」とされ、活動が容認されていましたが、そもそも東ドイツの社会主義統一党（共産党の東ドイツでの呼び名）はマルクス・レーニン主義にもとづいて宗教を敵視。決して恵まれた成育環境ではありませんでした。

この東ドイツで、弟一人、妹二人が生まれます。

父親は厳格で教育熱心だったようで、メルケルの学業成績は抜群でした。とりわけ数学とロシア語に秀でていました。当時の東ドイツは、ロシア語が必修だったのです。

その一方、メルケルは、体育と音楽は苦手だったそうです。典型的な秀才タイプでしょうか。

〝リケジョ〟の道へ

一九七三年、メルケルは、東ドイツの名門大学であるカールマルクス・ライプツィヒ大学（現在のライプツィヒ大学）に入学。物理学を専攻します。いまでいう〝リケジョ〟（理系女子）だったのです。

メルケルは、東ドイツが崩壊する直前まで、政治的な行動をしていたという情報はありませんでしたが、二〇一三年になって、学生時代にドイツ社会主義統一党の下部組織である自由ドイツ青年団に所属していたことを暴露する本が出版されました。現在でこそ保守派政治家として活動していますが、かつては共産主義者として活動していたことになります。

これについてメルケルは、「私には隠すことが何もない」とコメント。事実を認めましたが、それで政治的に苦境に陥ることはありませんでした。当時の東ドイツでは、成績優秀な学生は、自由ドイツ青年団に勧誘され、これを拒否する選択肢がなかったからです。

大学に在学中の一九七七年、同じ学部の学生だったウルリッヒ・メルケルと結婚。四年後に結婚生活は破綻《はたん》し、離婚します。

しかし、姓はその後も使い続け、再婚した後も、メルケルの姓で通しています。

一九七八年、優秀な成績で卒業し、東ベルリンにある科学アカデミーに就職。理論物理学を研究します。一九八六年、博士号を取得し、その後、科学アカデミーで出会ったヨアヒム・ザウアーと結婚します。

夫のザウアーは、以後、妻の政治活動を支えますが、表に出ることはほとんどありません。二〇一五年六月にドイツで開催されたサミットでは、各国の首脳を夫婦で出迎えました。私がメルケルの夫を見たのは、このときが初めてでした。妻に比べてほっそりとした体型の夫は、表に出てくるような積極的なタイプではありませんでした。きっと「内助の功」を尽くしているのでしょう。現在はフンボルト大学の教授を務めています。

ベルリンの壁崩壊で急変、政治の世界へ

目立った活動歴がなかったメルケルですが、一九八九年一一月、ベルリンの壁が崩壊すると、突然変身します。政治に関心を持ち、民主化運動に乗り出すのです。科学アカデミーを辞職し、東ドイツ国内で生まれた「民主主義の出発」という民主化運動組織に入り、党の広報担当に就任します。

一九九〇年一〇月、東西ドイツが統一されると、この組織は、西ドイツにあったドイツキリスト教民主同盟（CDU）に吸収され、メルケルも入党します。同年一二月に実施された連邦議会選挙に、メルケルはCDUから立候補して初当選を果たします。

CDUは、キリスト教民主主義の理念にもとづき、自由主義と市場経済を重視する中道右派政党で、当時の与党でした。

連邦議会では、バイエルン州のみを地盤とするバイエルン・キリスト教社会同盟（CS

U）とともに統一会派（CDU／CSU）を組んでいます。
ちなみに、ドイツ連邦議会でもう一つ大きな政党にドイツ社会民主党（SPD）があり、両者が二大勢力を形成しています。SPDは中道左派の政党です。

「コールのお嬢さん」と呼ばれた

CDUの当時の党首は、連邦首相でもあるヘルムート・コールでした。メルケルはコール首相に評価され、初当選議員にもかかわらず、一九九一年、第四次コール政権の女性・青少年問題担当大臣に抜擢《ばってき》されます。さらに一九九四年には、第五次コール政権で環境・自然保護・原子力発電保安担当大臣に就任します。

この抜擢ぶりに、メルケルは「コールのお嬢さん」と呼ばれました。コール首相のお気に入りなので政界の階段を上ることができた、という揶揄《やゆ》というか、嫉妬に満ちた呼び名でした。

一九九八年の連邦議会選挙でコール政権は敗北。CDUは野党に転じます。コールは責任を取ってCDUの党首を辞任。メルケルはCDUの幹事長に就任しました。

「コールのお嬢さん」と呼ばれてきたメルケルですが、「鉄の女」の片鱗《へんりん》を見せたのが、自分を引き上げてくれたコール元首相を批判したときでした。

一九九九年一一月にコール政権時代の闇献金が発覚すると、メルケルは、ドイツの有力新聞「フランクフルター・アルゲマイネ」にコール元首相を批判する公開書簡を寄稿したのです。たとえ恩人であろうと、悪いことは悪いこと。父親譲りの厳格さでしょうか、「コールのお嬢さん」などではないことを、身をもって示しました。

さらに二〇〇〇年二月、CDUの当時の党首が闇献金問題で辞任すると、四月、メルケルが代わって党首に就任しました。

これはCDU党員の驚くべき決断でした。旧東ドイツ出身のプロテスタントであり、女性であり、離婚歴があり、再婚している。

これまでの政界の常識から見れば、政治家としてマイナスばかりの要素に満ちていたにもかかわらず、党首のスキャンダルに倦《う》んでいたCDUの一般党員は、実力本位でメルケルを選んだのです。逆に言えば、それだけの力をつけるまでになっていたのです。

こうして、二〇〇五年の連邦議会選挙では、首相候補として戦うことになります。

大連立で首相に就任

この選挙で、メルケル率いるCDU／CSU連合はゲアハルト・シュレーダー首相率いるSPDに僅差で勝利しました。

しかし、改選前より議席を大きく減らしたため、両党とも意見の近い政党との連立では過半数には届かず、結局、CDU／CSUはライバル政党であるSPDとの大連立に踏み切り、メルケル内閣が誕生しました。首相はCDUのメルケルですが、閣僚は一六人のうち半数の八をSPDに譲りました。

このときメルケルは五一歳。歴代最年少の首相誕生でした。

ちなみに、連立とは、単独で過半数を確保できない政党が、別の政党と一緒になって内閣を発足させること。これに対して大連立とは、ライバル同士の二大政党が一緒に政権を樹立すること。これですと、与党の議席数は圧倒的な数となり、安定した政権運営の可能性が広がります。その一方で、もともと「水と油」の関係のライバル政党が一緒に政治を遂行しようというのですから、意見の対立がしばしば発生し、政局は不安定になりがちです。

しかし、メルケル政権は、積極的な外交政策を展開し、高い支持率を得てスタートを切りました。とりわけ失業率を低く抑え、高い経済成長率を実現させることで、多くの国民の支持を得たのです。

メルケルの外交政策で特筆すべきは、二〇〇八年のイスラエル訪問でしょう。第二次世界大戦中、ナチスドイツによって六〇〇万人ものユダヤ人が虐殺されたことから、戦後、イスラエルの人々のドイツに対する嫌悪感は根強かったのですが、メルケルはイスラエル議会で、ドイツ語で演説。ドイツの責任についてユダヤ人に謝罪と反省を示しました。

中には、ドイツ語を聞くのは耐えられないとして議場から出る議員もいましたが、少数に留まりました。

イスラエルが、メルケルのドイツ語での演説を許容したのは異例のこと。それまでのドイツの過去との向き合い方を、イスラエルとして評価したことを示しています。

福島事故で脱原発に

二〇〇九年九月の総選挙で、メルケル率いるＣＤＵ／ＣＳＵは勝利し、連立を組んでいたＳＰＤは敗北。議席を大きく減らします。その結果、メルケルの党は、新たに、思想の近い保守派の自由民主党（ＦＤＰ）と連立を組み直します。

メルケルの経済政策を大きく変えたのは、二〇一一年三月に発生した東日本大震災による東京電力福島第一原子力発電所の事故でした。

一九九八年に成立したＳＰＤのシュレーダー政権は、「同盟90／緑の党」と連立を組み、脱原発政策を推進。二〇〇二年、稼働中の全部の原発を二〇二一年までに廃止する方針を打ち出していました。

二〇〇五年に政権の座についたメルケルは、原子力発電所の推進派でしたが、ＳＰＤとの連立政権だったため、原発政策を変更することはできませんでした。

しかし、二〇〇九年の選挙で保守派のＦＤＰと連立を組んだことで、政府の方針を原発推進に変更します。二〇一〇年に打ち出した長期エネルギー戦略の中で、メルケルは、国内一七基の原子力発電所の稼動年数を平均一二年間延長しています。将来は再生可能エネルギー主体に切り替えるにせよ、それまでの間は、原子力が過渡期のエネルギーとして必要だと考えていたのです。

しかし、日本で事故が起きると、わずか四日後には、三カ月間の「原子力モラトリアム」を発動しました。三一年以上稼動してきた原子炉七基をただちに停止させるとともに、残りの原子炉が、洪水や停電などの異常事態に耐えられるかどうかの緊急テストを実施するように命じたのです。

日本で発生した原子炉の事故で、日本の原子力政策をどうするか日本政府が動揺している間に、ドイツは、さっさと原子力に見切りをつけたのです。

メルケルの判断を後押ししたのは、ドイツ国内での反原発の世論の動きでした。事故から二週間後、ドイツ南部の保守王国バーデン・ヴュルテンベルク州の州議会選挙で、脱原発を訴えた環境政党「緑の党」が大躍進。原発推進派のCDUの州首相を追い落とし、同じく脱原発を主張したSPDと連立を組んで「緑の党」出身者が州首相の座を獲得したのです。

この結果に、メルケルは衝撃を受けたに違いありません。これまで機を見るに敏で、政界を乗り切ってきたメルケルは、ドイツ国民が脱原発を求めていると判断。過去の自分の判断の誤りを認め、脱原発に舵《かじ》を切ります。

同年五月三〇日、「二〇二二年度までに国内一七基の原子炉すべてを閉鎖する」という方針を明らかにしたのです。

この直後の六月九日、メルケルは、連邦議会で演説し、次のように述べています。

「福島事故は、全世界にとって強烈な一撃でした。この事故は私個人にとっても強い衝撃を与えました。大災害に襲われた福島第一原発で、人々が事態がさらに悪化するのを防ぐために海水を注入して原子炉を冷却しようとしていると聞いて、私は『日本ほど技術水準が高い国も、原子力のリスクを安全に制御することはできない』ということを理解しました」

「私はあえて強調したいことがあります。私は昨年秋に発表した長期エネルギー戦略の中で、原子炉の稼動年数を延長しました。しかし私は今日、この連邦議会の議場ではっきりと申し上げます。福島事故は原子力についての私の態度を変えたのです」（熊谷徹『なぜメルケルは「転向」したのか』）

実に率直な発言ではありませんか。政治家が、それも一国の首相が、自分の考えは間違っていた、と告白したのですから。

この発言には、日本の技術水準に対する信頼と敬意も見て取れます。「日本がダメなら、もうどこの国でもダメだ」――これがメルケルの判断だったのです。日本人として、高い評価にこそばゆい思いをすると同時に、肝心の日本のエネルギー政策で国内のコンセンサスが得られていないことにがっかりします。

メルケルは、その後も日本に対する高い評価を披瀝《ひれき》しています。二〇一五年三月に来日し、講演会の後の質疑応答で、原発政策について聞かれ、当時の決定についてこのように答えています。

「私の考えを変えたのは、やはり福島の原発事故でした。この事故が、日本という高度な技術水準を持つ国で起きたからです。そんな国でも、リスクがあり、事故は起きるのだということを如実に示しました。このため、本当に予測不能なリスクというものがあり、私たちが現実に起こりうるとは思えないと考えていたリスクがあることが分かりました。だからこそ、私は当時政権にいた多くの男性の同僚とともに脱原発の決定をくだしたのです。ドイツの最後の原発は二〇二二年に停止し、核の平和的利用の時代が終わって、私たちは別のエネルギー制度を築き上げるのだという決定です」（朝日新聞デジタル、二〇一五年三月一〇日）

東ドイツ時代、目立った政治活動はせず、当局の方針に従っていたメルケル。しかし、世の中が民主化へと進み始めると、すぐに民主化運動を開始し、統一ドイツで与党の一員になる。コール首相に抜擢されながらも、恩師に闇献金疑惑が持ち上がると、さっさと見限る。まさに機を見るに敏。風見鶏《かざみどり》のような政治的嗅覚があるのでしょうか。激動の時代を生き抜いてきたメルケルの真骨頂を見る思いです。

こうしたメルケルの方針に、国民も支持を与えます。二〇一三年九月に行われた連邦議会の選挙で、ＣＤＵ／ＣＳＵは議席を伸ばしました。ただし、過半数には届きませんでした。

一方、それまでの連立相手だったＦＤＰは惨敗。なんと全議席を失います。以前の連立相手だったSPDも、新しい連立相手のFDPも、メルケルの党と連立を組むと、次の選挙で敗北する。メルケルの党に精力を吸い取られてしまうかのようです。

結局、再びSPDと大連立を組むことになりました。SPDも脱原発の方針を取っていますから、ここに齟齬《そご》はありません。

アメリカNSA、メルケルの電話を盗聴

二〇〇一年九月のアメリカ同時多発テロ事件以降、アメリカは世界中からの情報収集活動を一段と強化させます。とりわけNSA（国家安全保障局）は、米国内の通信会社から通話履歴のデータを収集していました。

その過程で、友好国の指導者の携帯電話まで盗聴していたことが判明。メルケルの携帯電話が盗聴されていたのです。

アメリカにとって、ドイツは友好国。にもかかわらず、メルケルが何を考え、どんな会話をしているか、知りたかったのです。

アメリカにすると、急激に大国化しつつあるドイツは、歴史的に見て警戒すべき国であるとともに、東ドイツで育ち、学生時代に共産主義者として活動をしていたこともあるメルケルを、本当には信頼していないのでしょう。

アメリカが恐れる女。それがメルケルです。

戦争責任をいまも自覚

第二次世界大戦で、同盟国として世界を相手に戦った日本とドイツ。しかし、戦後の歩みは異なりました。分割されたドイツは、東西で別々の道を歩みました。東西冷戦の中で、いつ戦争が起きるかも知れない。緊張の中で、東西どちらのドイツも再軍備を進め、軍隊を持ちました。

それでも過去のナチスによる虐殺について謝罪を続けることで、周辺の国々との信頼関係を築くことができました。ここが、日本の戦後との大きな違いです。

日本も、村山談話や小泉談話で、過去の侵略と植民地支配について謝罪と反省の意を示しています。ところが、すぐに別の首脳から、「謝罪する必要はない」「侵略の定義は定まっていない」などの発言が飛び出すことで、中国や韓国から、「日本は反省していない」という反発を受けてしまっています。これが続くと、「日本はいつまで謝罪をすればいいのだ」という声が出ます。でも、これでは「日本は謝罪したんだから、もういいだろう」と居直っているかのように受け止められてしまうのです。

この点についてドイツは、過去に謝罪してきましたし、これからも謝罪することを明らかにしています。

メルケル首相は二〇一五年五月三日、ドイツ国内にあったダッハウ強制収容所の解放七〇年式典で演説し、「ナチスがこの収容所で犠牲者に与えた底知れない恐怖を、我々は犠牲者のため、我々のため、そして将来の世代のために、決して忘れない」（朝日新聞デジタル、二〇一五年五月三日）と国民に語りかけました。

「決して忘れない」——被害者が言うのではありません。加害者が言うのです。これが、被害者に信頼される道なのでしょう。

さらにメルケル首相は「我々は、皆、ナチスのすべての犠牲者に対する責任を負っている。これを繰り返し自覚することは、国民に課せられた義務だ」と演説しました。

メルケルは前述の講演会でも、こう述べています。

「破壊と復興。この言葉は今年二〇一五年には別の意味も持っています。それは七〇年前の第二次世界大戦の終結への思いにつながります。数週間前に亡くなったワイツゼッカー元独大統領の言葉を借りれば、ヨーロッパでの戦いが終わった日である一九四五年五月八日は、解放の日なのです。それは、ナチスの蛮行からの解放であり、ドイツが引き起こした第二次世界大戦の恐怖からの解放であり、そしてホロコースト（ユダヤ人大虐殺）という文明破壊からの解放でした。

私たちドイツ人は、こうした苦しみをヨーロッパへ、世界へと広げたのが私たちの国であったにもかかわらず、私たちに対して和解の手が差しのべられたことを決して忘れません。まだ若いドイツ連邦共和国に対して多くの信頼が寄せられたことは私たちの幸運でした。こうしてのみ、ドイツは国際社会への道のりを開くことができたのです。さらにその四〇年後、八九年から九〇年にかけてのベルリンの壁崩壊、東西対立の終結ののち、ドイツ統一への道を平坦《へいたん》にしたのも、やはり信頼でした」（朝日新聞デジタル、二〇一五年三月一

〇日）

「勝利の女神」がドイツを牽引《けんいん》する

メルケル首相は、サッカー好きであることでも知られています。「ドイツ代表一二番目の選手」を自任しているとか。

二〇〇六年にドイツで開催されたサッカーのワールドカップでは、ドイツ代表の全試合をスタジアムで観戦しています。南アフリカであった二〇一〇年のワールドカップでは、ドイツ対イングランド戦を、G20の会場となったカナダのトロントで、イギリスのデービッド・キャメロン首相と一緒にテレビ観戦。

ブラジルで開催された二〇一四年のワールドカップでは、ドイツ代表の初戦のポルトガル戦を観戦しにブラジルに飛びました。ドイツ代表が決勝に進むと、今度はガウク大統領とともに再び現地で観戦。優勝に立ち会いました。

メルケルが観戦した試合は、ほとんどドイツ代表が勝っていることから、「勝利の女神」

とも呼ばれます。

メルケルばかりでなく、ドイツ人はサッカー好き。メルケルが試合に熱狂する姿をテレビで見た国民は、メルケルに好意を寄せます。ここにも機を見るに敏なメルケルがいます。表現を変えれば、国民の心をいち早く摑《つか》み、果敢に挑戦する女性です。そこには、リケジョらしい合理的な判断があります。これがメルケルの人気の秘密なのでしょう。

二〇一五年九月、ヨーロッパに押し寄せる難民を積極的に受け入れる方針を打ち出したときにも、その果敢な判断が世界から称賛されました。しかし、その後、一〇〇万人を超える難民がドイツにやってきたことで、ドイツ各地で住民と難民のトラブルが起きるようになりました。メルケルの真価が問われているのです。

第三章

アメリカ初の女性大統領をめざす ヒラリー・クリントン

写真：ロイター／アフロ

「わたしはずっと探検や宇宙旅行に憧れてきた。父が、アメリカがソ連に遅れをとっているといつも心配していたからでもあったが、ケネディ大統領の〝人間を必ず月に送り込む〟という誓いに、わたしは興奮した。それでアメリカ航空宇宙局（NASA）に宇宙飛行士の訓練に応募したいと手紙を書いた。だが、返事は〝女は受け入れない〟というものだった。生まれて初めて、勤勉と決意をもってしても克服できない障害があるとわかった」（ヒラリー・ロダム・クリントン著、酒井洋子訳『リビング・ヒストリー』）

アメリカ初の女性大統領をめざすヒラリー・クリントンが、人生で初の挫折を味わったときの様子です。彼女が高校生のときでした。

それまで彼女は、まさに「勤勉と決意」によって人生を切り開いてきました。宇宙飛行士になる夢は断たれましたが、その後ヒラリーは、「勤勉と決意」を武器に政治の世界に飛び込んでいきます。

夫ビル・クリントンが大統領に就任すると、ファーストレディーとしてホワイトハウス入りをしましたが、夫が二期八年を務めて任期満了で退任するのを前に、上院議員に転身。さらにオバマ政権一期目で国務長官を務め、ついにアメリカの大統領に近づいたヒラリー。彼女はアメリカを、そして世界を変えようとしています。

そこで本章では、ヒラリーを取り上げます。

「そっちの男が大統領に」

夫ビルが大統領選挙で当選した後、夫婦でヒラリーの故郷シカゴ郊外の町をドライブしていたときのこと。ガソリンスタンドに給油に立ち寄ると、男性従業員が、「ヒラリー、覚えてるかい。高校時代、デートしたじゃないか」と話しかけてきました。ガソリンスタンドを出ると、ビルが得意げにヒラリーに語りかけました。

「ヒラリー、もしあの男と結婚していたら、今ごろどうなっていたかな?」

すると、ヒラリー曰《いわ》く、「そうなっていたら、今ごろは、あの男がアメリカ大統領でしょうね」

これは有名なジョークです。もちろん実話ではありませんが、夫婦の力関係を見事に表現しています。ビル自身、自分よりもヒラリーの方が、能力が上であると自認していました。ヒラリーが大統領に就任したら、自分は「ファーストジェントルマンになりたい」と発言しています。夫婦揃《そろ》って大統領に。二〇一六年一一月の大統領選挙で、この前代未聞の出来事が起きそうです。

そもそも彼女は、どんな人生を送ってきたのか。幼少期にさかのぼってみましょう。

厳しい父母にしごかれて

ヒラリーの父親は、頑固で保守的な共和党支持者でした。シカゴの冬は寒いのですが、倹約のため夜間は暖房を止めていました。教育に厳しく、娘が高校時代、オールAの成績を取っても、「ずいぶんと甘い学校だなあ」と言って、娘を褒めようとはしなかったそうです（越智道雄『ヒラリー・クリントン』）。

ヒラリーが四歳のとき、自宅向かいに住むスージーという女の子によく小突かれては、家に逃げ帰っていたところ、母親は、こう言ったそうです。

「もしスージーがあなたをぶったら、ぶち返しなさい。わたしが許す。自分のことは自分で守るの。この家には臆病者を置いとく場所なんかないんだから」（前掲『リビング・ヒストリー』）

母の命令を受けてヒラリーはスージーの家に行き、スージーにやり返したそうです。「自分のことは自分で守る」。政治の世界に出ていったヒラリーは、まさに母親の言いつけを守り抜くのです。

ヒラリーは、一九四七年、イリノイ州シカゴで繊維製品の会社を営む家庭に生まれました。前述のとおり父親は自他ともに認める共和党支持者でしたが、母親は隠れ民主党支持者でした。シカゴ郊外の保守的な土地柄では、民主党支持者であることを口外できなかったのです。民主党のジョン・F・ケネディ大統領が暗殺されたとニュースで知った際、母親は初めて「私はケネディに投票したのよ」と口走っています。

父親の影響を受けて学生時代は共和党員になりますが、次第に共和党の政策に幻滅。民主党支持に変わります。このあたりは母親の影響でしょうか。

共和党から民主党へ

一九六四年の大統領選挙では、高校生ながら共和党のバリー・ゴールドウォーター候補の運動員になっています。きわめて保守的だったゴールドウォーターは幅広い支持を得られず、民主党のリンドン・ジョンソン大統領に敗れています。

ヒラリーは、高校を出ると、高校教師の勧めで、マサチューセッツ州の名門女子大学であるウェルズリー大学に入学します。

当時、地方の女子高校生にとって、ハーバードのようなエリート男子学生の多い東部の大学に入ることは、まず考えられないことでした。大学進学率もまだ低く、進学するとしても、親許から通える地元の州立大学か、あるいは女子大学というのが相場でした。

ウェルズリー大学は、リベラルアーツに力を入れる名門女子大です。二〇一二年、私はこの大学を視察しました。キャンパス内に人工の湖がある、広大で緑豊かな全寮制の大学です。いまはキャリア志向の女子学生が多いのですが、ヒラリーが入学した当時は、良家の子女が通う〝お嬢さま学校〟でした。

しかし、女子大で学んだことはプラスだったようです。

「だれもが女という大学は、共学だったら無理だったかもしれない学業成績の向上と、課外活動におけるリーダーシップの発揮を可能にしてくれた」「男子学生がいないということで心理的な空間が広がり、月曜から金曜午後までは、外見を気にしなくていい安全地帯ができた」（同前）

事実、当時の彼女は、読書のしすぎで近視の度が進み、牛乳瓶の底のような分厚い眼鏡をかけ、いつも汚い恰好《かっこう》をしていたといいます。

彼女はここで、一年生のときに青年共和党の議長に選ばれます。アメリカの各大学には、共和党や民主党の青年組織があるのです。

ところが、当時はベトナム戦争の真っ最中。共和党の思想への違和感が強まったヒラリーは、まもなく青年共和党をやめ、三年になると、民主党左派のユージン・マッカーシー上院議員の反戦運動を応援するまでに思想を旋回させます。

アメリカを変革したい。そう考えたヒラリーは、ロースクール（法科大学院）に進んで弁護士になろうと決意。ロースクールでは全米トップレベルのハーバードとエールの二校に合格します。

さて、どちらに進学するか。贅沢《ぜいたく》な悩みですが、ハーバードのカクテルパーティに招かれたとき、友人の男子学生が法学教授にヒラリーのことを、「来年ここに来るか、ぼくたちのライバル校に行くか迷っています」と紹介。すると、その教授は、「本校にライバル校はない。ハーバードにこれ以上、女性は必要ない」と返答。これで迷いが消えたヒラリーは、エール大学への進学を決めました。

ヒラリーは当然のことながら成績優秀でウェルズリー大学の総代に選ばれます。当時、ウェルズリーの卒業式で総代がスピーチすることはなかったのですが、友人から総代もスピーチすべきだと勧められたヒラリーは学長に直談判。異例のスピーチのチャンスを勝ち取りました。

「いまわたしたちがやらなければならないことは、不可能に見えることを可能に変えていく〝技芸〟としての政治をおこなうことです」という言葉でまとめたスピーチは、学生たちの共感を呼び、卒業生全員総立ちの熱狂的拍手を巻き起こしました。

スピーチはキャンパスの外でも大きな反響を呼び、地元シカゴのテレビ局の番組に出演したり、当時人気のあったグラフ雑誌「ライフ」の特集記事に取り上げられたりしました。ヒラリーは、早くも注目される女性になっていたのです。

エール・ロースクールでの出会い

一九六九年、エール・ロースクールに進学し、翌年、ここでビル・クリントンに出会います。彼は、イギリスのオックスフォード大学に二年間留学して戻ってきたのです。彼の第一印象を、ヒラリーは『リビング・ヒストリー』にこう記します。

「背が高く、赤みがかった髭《ひげ》とちぢれた馬のたてがみのような髪に囲まれた顔はハンサムで、毛穴からほとばしり出るようなバイタリティがあった」

その後、キャンパスでたびたび見かけるようになります。一九七一年の春、学内の図書館で出会ったとき、ビルはヒラリーをチラチラ見るばかり。業を煮やしたヒラリーからビルに声をかけました。

「そんなふうにこっちばかり見て、こっちも見返してばかりいるんなら、紹介し合っちゃった方が早くない？　わたしはヒラリー・ロダム」

なんとも積極的な行動でした。これにはビルも泡を食って、自分の名前すら出てこなかったとのことです。

一九七三年、ヒラリーはロースクールを卒業し、法学博士号の学位を取得。当時、ニクソン大統領が再選を果たした大統領選挙で、民主党本部に盗聴器を仕掛けるなど共和党が行った一連の工作にニクソン大統領本人が関与していた疑惑が浮上していました。民主党本部が入っていたワシントンのビルの名前から「ウォーターゲート事件」と呼ばれます。議会の下院司法委員会が、大統領弾劾（大統領をやめさせること）に向けて調査団を組織すると、ヒラリーは、この調査団に参加しています。

結局、ニクソン大統領は、議会が弾劾を決める前に辞任。弾劾調査団が解散すると、ヒラリーは、ビルが移り住んでいたアーカンソー州に移ります。

アーカンソー州に移り、ビル・クリントンと結婚

ビルは、自分の出身地アーカンソー州で公職に就くことを考えていました。知事を経て大統領へという野望をすでに抱いていたのかも知れません。というのも、アメリカの大統領候補は、ワシントン政治の垢《あか》にまみれた人物が嫌われ、州知事など新鮮なイメージの政治家が好まれていたからです。アーカンソー州は、田舎の代名詞のような地方の小さな州ですが、大統領選挙に挑戦する方法としては、可能性があったのです。

二人はいったんアーカンソー大学のロースクールの教壇に立ち、一九七五年に結婚。翌年、ビルがアーカンソー州の司法長官に選出されたことで、州都リトルロックに移り住みます。ヒラリーはロースクールの仕事を辞め、リトルロックで最大のローズ法律事務所に就職します。

一九七八年には、ビルが三二歳の若さで州知事に当選します。ヒラリーは州知事夫人になったものの、弁護士の仕事を続け、翌年にはローズ法律事務所で初の女性パートナーに

なります。

一九八〇年には娘のチェルシーを出産しました。ここまでは順調だったのですが、この後、夫婦は挫折します。ビルが二期目の知事選挙で落選してしまったのです。当時の知事の任期は二年でした。

最初の挫折と復活

夫婦にとっての最初の挫折。

これは衝撃でした。アーカンソー州のような保守的な土地柄で、ヒラリーの行動は選挙民に受け入れられなかった。夫婦は、こう総括したようです。それまでのヒラリーは、州知事夫人になっても旧姓を使用。ヒラリー・ロダムを名乗り、夫の姓クリントンを使っていませんでした。

また、身なりに気を使うこともなく、牛乳瓶の底のような眼鏡を使い続けていました。

一九八二年の知事選挙で、彼女はヒラリー・ロダム・クリントンと名乗るようになります。旧姓のロダムをミドルネームに残しつつ、ファミリーネームはクリントンを名乗ったのです。ヒラリーは、こう述懐しています。

「一九七〇年代半ばには、結婚後も旧姓で通す花嫁が増えてきた地域もあるが、国のほとんどの場所で、夫婦別姓はまだ珍しかった。アーカンソーもそんな場所の一つだった」

「ビル敗北のすぐあとの冬、数人の友人や支持者がやってきて、わたしに〝クリントン〟の姓を使うように説得した」

「知事公邸でのパーティの招待状が、〝ビル・クリントンとヒラリー・ロダムより〟となっているのを見るたび不快に思う人がいるらしかった」

「結局、旧姓にこだわるより、ビルがもう一度知事になることの方が大事なのだと気がついた」(同前)

いまは日本でも職場での旧姓使用を認める会社が増えてきましたが、当時はアメリカでも、こんな状態だったのですね。もっともいまの日本では、知事の妻が旧姓を名乗っていたら、依然としてとやかく言う人がいるでしょうが。

ヒラリーは、まさに戦う女性であり、このときは、時代に少し妥協したのです。

また、眼鏡をやめてコンタクトレンズを使うようになります。ファッションにも気を使うようになり、まるで別人となります。当時アーカンソーでは、「ヒラリーが美人になった」と評判を呼んだほどです。

この戦術が功を奏したのか、この選挙では知事の座を奪還します。これ以降、ヒラリーは、不承不承ですが、身なりに気を使うようになるのです。

夫ビルが二期目の知事となると、ヒラリーは、アーカンソー州の教育改革に取り組む教育水準委員会の委員長を務めます。それまで学力レベルの低かったアーカンソーの教育予算を増やすため、州の売上税（日本の消費税に該当）を引き上げるという有権者に不人気の政策をあえて取りました。これにより、学力水準を高めることに成功したのです。

大統領選挙でバッシング

ビル・クリントンの仕事ぶりが評判になるにつれ、ビルに大統領選挙に立候補するように求める声が高まります。共和党のブッシュ（パパ・ブッシュ）政権で経済が悪化し、民主党が政権を奪還するチャンスと考えられたからです。

一九九二年の大統領選挙に立候補したビルは、「バイ・ワン、ゲット・ワン・フリー」をスローガンの一つにします。これは、商店の店頭でよく見かけるキャッチコピー。「一つ買ってくれたら、もう一つはタダ」、つまり、「もし僕に投票したら、ヒラリーがもれなくついてくる」(だからお得)ということでした。

民主党の大統領候補に選ばれるべく運動している最中、ヒラリーは、自分に対する記者の攻撃に頭に来て、「わたしが家にいてクッキーを焼いてお茶でもいれていればいいんでしょうけど」と発言。「アメリカの母親たちを侮辱した」と批判の嵐にさらされます。

これにはヒラリーも失言と悟り、自分のクッキー・レシピを公開して、〝よき母親〟役を演じるしかありませんでした。

このヒラリーの態度は、多くの保守的な男女を憤慨させる一方、働く女性たちから、〝自分たちの仲間〟という信頼感を勝ち得ることになります。ヒラリーの人生は、アメリカの女性たちの地位向上の道のりと並行して進んでいたのです。

医療保険改革に奮闘

一九九二年の大統領選挙では、保守派の大金持ちロス・ペローが無所属で立候補し、保守票を食い合ったことから、共和党のパパ・ブッシュ大統領は落選。ビル・クリントンが当選しました。

もし二〇一六年のアメリカの大統領選挙で、共和党の候補者にパパ・ブッシュ次男のジェブ・ブッシュが選ばれていたら、選挙戦は「クリントン対ブッシュ」という因縁の対決になったところでしたが、ジェブは二〇一六年二月に撤退を表明しました。

それはともかく、ビル・クリントンが大統領に当選したことで、ヒラリーは、初のキャリアウーマンのファーストレディーになったのです。

ビルは大統領就任早々、ヒラリーを医療保険問題専門委員会の委員長に任命します。ビルは、アメリカに国民皆保険制度を導入しようとしたのです。

それまでアメリカの公的な医療保険は、六五歳以上の高齢者を対象にした「メディケア」と、貧困層を対象にする「メディケイド」があるだけ。あとは、民間の医療保険に加入するしかありませんでした。

しかし、医療保険料は高額で、個人で負担できる人は少なく、企業に就職した人には企業が保険をかけてくれますが、失業した途端、無保険になってしまうのです。

その結果、当時約四〇〇〇万人もの人が医療保険に入れない状態になっていました。医療保険に入っていないと、医療費は全額個人負担。高額になるため、少々の病気では医療機関にかからない人が多く、手遅れになるケースも少なくありません。アメリカの乳幼児死亡率は開発途上国並みに高い水準なのです。

クリントン夫妻は、このアメリカの現状を変革しようとしたのです。

ファーストレディーは通常、ホワイトハウスの大統領執務室がある西館ではなく、反対側の東館にオフィスを構えますが、ヒラリーは、大統領執務室や閣議室のある西館にオフィスを構え、この困難な課題に取り組みました。

ヒラリーに従う女性たちは、常にヒラリーを支え、彼女たちの仕事部屋は「ヒラリーランド」と呼ばれました。

しかし、医療保険改革は、激しい抵抗にあいました。民間の保険会社にとっては死活問題ですから、巨額の資金を使って反対キャンペーンを実施します。医療保険会社の後押しを受けた共和党議員たちもこぞって反対。結局、ヒラリーがめざした改革は実現しませんでした。

医療保険改革は、後にバラク・オバマ大統領によって成し遂げられましたが、この事実もまた、ヒラリーの挫折でした。

ヒラリーは、その後もクリントン政権で閣議に出席。夫へのアドバイスを続けます。こうしたことから、ヒラリーは「共同大統領」ないしは「ビラリー」（ビルとヒラリーの合成語）と批判されるのです。

この挫折に続いて、ビルとヒラリーは、人生最大の危機に直面します。ビルの不倫を巡る一大スキャンダルが勃発したのです。

相次ぐスキャンダル疑惑に悩む

さて、ここまで、アメリカ初の女性大統領をめざすヒラリー・クリントンがファーストレディーになるまでの足跡を辿《たど》ってきました。

二〇一六年の大統領選挙を前に、アメリカ国内では、共和党の大統領候補をめざす政治家たちが舌戦を繰り広げていますが、大富豪のドナルド・トランプが、共和党員の支持率で他の候補を大きく引き離しています。

とはいえ、トランプが共和党の正式な候補者になると、まだ決まったわけではありませんし、民主党候補の正式決定に向けて全力疾走のヒラリーにとっても、前途には容易ならざるものがあります。

再び、ファーストレディーになってからの彼女を追いましょう。

ホワイトハウスでの生活が始まると、夫婦は次々にスキャンダルに見舞われます。民主党の大統領を追い落とそうと、共和党がさまざまな攻撃を仕掛けたのです。結果的に事実無根だったものもあれば、事実だったことが判明することもあり、ヒラリーは悩まされ続けました。

最初に彼女が悩まされたのが、アーカンソー州時代の出来事「ホワイトウォーター疑惑」です。

夫のビル・クリントンがアーカンソー州知事だった時代に、地元で知人と不動産開発会社「ホワイトウォーター」を共同経営していましたが、このとき、土地の不正取引や不正融資に関与したという疑惑です。

かつて共和党のニクソン大統領が、「ウォーターゲート事件」で辞任したことがあっただけに、「ホワイトウォーター疑惑」と呼ばれて騒がれたのです。

「ホワイトウォーター疑惑」が浮上したのをきっかけに、独立検察官が任命され、独自の捜査をしましたが、夫妻はこの取引で損害を出していたほどで、疑惑には根拠がありませんでした。

独立検察官という制度は日本にはありません。大統領のような高位の行政官の不法行為の疑惑については、同じ行政官である通常の検察官では捜査が手緩《てぬる》くなる恐れがあるとして、司法長官が任命できる制度です。強大な権限と豊富な資金を使って、行政機関から独立して捜査することが可能です。

クリントン大統領の疑惑については、きちんとした捜査が必要だとの世論が高まったことから、クリントン政権の司法長官が独立検察官を任命しました。最初に任命された独立検察官は、途中で交代。ケネス・スターという人物が後任になります。

日本の検察官といえば、少なくとも特定の政党の党員や支持者ではないはずですが、アメリカはそうではありません。とりわけ独立検察官となると、政権に都合のいい捜査だと見られないように、あえて野党支持者を任命することがあります。スター検察官は、共和党の党派性を剝《む》き出しにして、クリントン夫妻を追及。大統領追い落としにつながりそうな、あらゆる事件を掘り出そうとしました。そこからビルの不倫疑惑も浮上しました。これがビルとヒラリーの二人を苦しめることになります。

「ホワイトウォーター疑惑」に続くスキャンダルは、「トラベルゲート」。「ウォーターゲート事件」以来、政府の疑惑は「〇〇ゲート」と呼ばれるようになっていました。

このスキャンダルは、ホワイトハウスの旅行事務所の事務員が不当に解雇されたという疑惑から、こう呼ばれました。ヒラリーが知人の旅行業者を責任者にしたくて、それまでの事務員を解雇したという疑惑ですが、実際には事務員が不正経理をしていたために解雇されたものでした。

大統領次席法律顧問のヴィンセント・フォスターが、拳銃自殺した事件もスキャンダルになりました。フォスターはホワイトウォーター疑惑やトラベルゲートについて、最も詳しい人物とされ、クリントン夫妻によって口封じされたのではないかという疑惑が持ち上がったのです。

フォスターは、かつてヒラリーが所属していたアーカンソー州の法律事務所にいて、ヒラリーと知り合い、彼女の愛人ではないかという噂《うわさ》が立てられたこともありました。ビルが大統領になったのに伴い、二人を支えるためにワシントンについてきていました。ワシントン政治の汚さを嘆いた遺書があったことなどから、自殺と断定されました。

夫の不倫疑惑に苦しむ

一九九六年の大統領選でビルは再選を果たしますが、クリントン大統領時代の最大のスキャンダルは、二期目になって発覚した、ホワイトハウス実習生だったモニカ・ルインスキーとの不倫疑惑でした。

ビルは、アーカンソー州知事時代にセクハラを受けたと主張する女性ポーラ・ジョーンズに訴えられ、裁判になっていました。ビルは訴えを事実無根として否定したことから、女性の代理人は、ビルの女性関係を探ります。ビルが、ほかの女性と関係を持っていた証拠を摑《つか》めれば、「ビルはセクハラや不倫をする男だ」として裁判で有利になると考えたからです。

その過程で浮上したのがルインスキーでした。

一九九八年一月、ルインスキーは参考人として裁判所に宣誓供述書を提出。この中で大統領との性的関係を否定していました。

ところが当時、ルインスキーと国防総省で同僚だった女性が、彼女との電話での会話をテープに録音し、スター検察官の元へ届けます。この会話の中でルインスキーは、ホワイトハウス実習生時代にクリントン大統領とオーラルセックスをしたことを告白。大統領から裁判では否定してくれと頼まれたと相談していたのです。これは、ルインスキーが裁判で偽証したことを意味します。

この会話内容は、まもなく報道され、大騒ぎとなります。

スター検察官は、ルインスキーが裁判で偽証したと告白していることに注目。大統領の指示で偽証したのなら、大統領の責任が発生します。スター検察官は本格的な捜査を開始。かくして、大統領の不倫疑惑という前代未聞のスキャンダルが勃発しました。

このときヒラリーは、ビルから、「彼女はぼくの親切を誤解した」が、「不適切な行為は一切していない」との弁解を受け、これを信じたといいます（前掲『リビング・ヒストリー』）。

「わたしから見れば、ルウィンスキーをめぐるごたごたもまた、政敵が作り上げた悪意あるスキャンダルに過ぎなかった。結局のところ、ビルは公職に立候補したその日から、麻薬取引をしているやらリトルロックの娼婦に子供を産ませたやら、あらゆることで非難を受けてきており、わたしの方も泥棒やら人殺しやらと呼ばれてきたのだ。だから、この実習生の話も最終的にはタブロイド紙で小さく扱われる程度の事件であってくれるように願った」（同前）

この後ビルは、ヒラリー同席の場所で、性交渉はなかったと否定しました。

ところが、当初は大統領と同様に事実を否定していたルインスキーは、この年の七月になって、裁判での偽証が罪に問われないことを条件に、大統領執務室で少なくとも九回、オーラルセックスに及んだことを証言します。

さらに、ビルの精液がついた自分のドレスを提出。DNA検査の結果、ビルのものと判定されました。ついにビルは言い逃れできなくなったのです。

「八月一五日土曜日、朝早くビルに起こされた。数カ月前とまったく同じだった。今度は彼はベッドの隅に坐《すわ》らず、部屋のなかを行ったり来たりしていた。そして、初めてわたしにいった。事態は思ったよりずっと深刻になってしまった。今となっては、不適切な関係があったことを宣誓証言するしかない。二人の間に起こったことは、突発的な束の間の出来事だった。でも、七カ月前にはどうしてもきみにいえなかった。あまりに恥ずかしくて認めることができなかったから。それに、きみがどれほど怒り、どれほど傷つくかがわかっていたから……。

わたしは息ができなくなった。思い切り空気を吸った後、泣き叫んだ」（同前）

こうして八月一七日、ビルは、法廷証言とテレビ演説で「不適切な関係」を認め、国民に謝罪しました。ただし、性交渉はなかったと主張しました。性交渉とは性器の結合を意味するものであり、オーラルセックスしかしていないのだから、性交渉を否定した自分の過去の発言はウソではない、というものでした。苦しい言い訳でした。その後、「不適切な関係」という言葉は、日本でも流行しました。

クリントン大統領、弾劾の危機に

ビルは追い詰められます。ポーラ・ジョーンズに訴えられた裁判で、ビルはルインスキーとの関係について問われ、性的関係を否定していました。ビルが「不適切な関係」を認めたことで、ビルが裁判で偽証していた疑惑が強まったからです。

翌月、スター検察官は、このスキャンダルに関する報告書を議会の下院に提出します。『リビング・ヒストリー』によれば、四四五ページにも上る報告書の中には、「セックス」あるいはそれに近い単語が五八一回も登場するという、ポルノ小説並みの内容でした。この内容はウェブサイトでも公開されました。

当時私は、この内容を知ろうと、ウェブサイトにアクセスしたのですが、いまほどサーバーの能力がなかった時代。アクセスが殺到して、サイトがなかなか開けませんでした。

余談ですが、当時、ワシントンの政治関連グッズのギフトショップでは、スター報告書を印刷したトイレットペーパーを売り出しました。「こんなもの、尻を拭くしか役に立たないものだ」という意味です。

ワシントン取材のついでに、私はこのトイレットペーパーを購入しました。アメリカ人のブラックなユーモア感覚に驚きながら。

報告書を受け、その年の一二月、議会下院は、クリントン大統領の弾劾を決めます。しかし、翌一九九九年二月に行われた上院の採決では、弾劾を決めるだけの三分の二の賛成がなく、大統領弾劾は実現しませんでした。クリントン大統領の座は守られたのです。

大統領弾劾とは、絶大な権力を持つ大統領を辞めさせる手続きです。国民から選ばれた大統領は、簡単には辞めさせられません。上下両院のそれぞれで三分の二以上の賛成があって初めて、弾劾は成立。大統領は辞任しなければなりません。過去には、このときより一三一年前のアンドリュー・ジョンソン大統領の時代に一度あっただけ（弾劾は不成立）。ウォーターゲート事件で追い詰められたニクソン大統領は、弾劾必至の情勢になって辞任し、弾劾はされていません。それだけ歴史的な出来事だったのです。

このセックス・スキャンダルは、これまでのアメリカの政治報道を大きく変えました。過去のアメリカ大統領は、しばしば不倫を繰り返してきました。ジョン・F・ケネディ大統領とマリリン・モンローの仲は有名ですし、後任のリンドン・B・ジョンソン大統領も、恋人を大統領執務室に招き入れ、シークレットサービスに対し、妻がやってくるようなことがあれば、すぐに教えろと命令、護衛官を見張りに使っていました。

ホワイトハウス担当の記者たちは、これらの事実を知っていましたが、政治家の「臍《へそ》から下」は問わないという暗黙のルールから、誰も問題にしませんでした。

しかし、これ以降、アメリカの政治家の「臍から下」の行動も大きく報道されるようになります。この結果、当時、クリントン大統領の不倫疑惑を追及していた共和党議員の不倫も次々に暴露され、議員が辞任に追い込まれるという事態も起きたのです。

クリントン、高い支持率を維持

いよいよヒラリーの大統領選挙出馬の道のりへと話が進みます。

ヒラリーの夫のビルが、モニカ・ルインスキーとの不倫問題で窮地に立たされ、一九九八年、議会下院で大統領弾劾が決議されますが、翌年の上院では、弾劾が成立するまでの票が集まらず、ビルは辛うじて弾劾を免れます。

この時期、中東ではイラクのフセイン大統領が大量破壊兵器に関する国連の査察を拒んだことで、不穏な空気が流れていました。アフガニスタンやスーダンでは、オサマ・ビンラディンが結成した国際テロネットワークのアルカイダの活動が活発化していましたが、アメリカの政界やメディアはお構いなし。クリントン叩《たた》きに精を出していました。

ところが、アメリカ国民の反応は違いました。共和党の執拗《しつよう》なクリントン追及に愛想を尽かした人が多かったようで、クリントン大統領の支持率は、下がるどころか上昇したのです。議会下院が弾劾を決めた時点では、世論調査会社ギャラップ社の調査で支持率七三パーセントを記録しました。

人間的なクリントンを、アメリカ国民は愛したのです。

また、当時のアメリカ経済は絶好調。前任のパパ・ブッシュの時代、不況に苦しんだ国民は、この点でもクリントンを評価しました。

その結果、一九九八年一一月の中間選挙では、むしろ共和党が議席を減らしたのです。クリントンへの高い支持は、妻ヒラリーにも好影響を与えました。それまで高学歴のエリート弁護士のイメージだったヒラリーは、夫の不倫騒動に苦しむ一人の妻として女性たちの同情を買い、夫をかばってスキャンダルと戦った強さは、男性たちからの支持も集めました。

こうしたヒラリーの奮闘ぶりに感銘を受けた民主党の長老たちの中から、「いずれヒラリーを大統領に」という声が上がってきます。大統領候補になるには、大統領夫人の肩書だけでは不十分。議会で政治家として活躍したという経歴が必要になります。そこで、ヒラリーを上院議員にしようという動きが出てきました。

上院議員に当選

二〇〇〇年、長年にわたってニューヨーク州選出の上院議員を務めてきた民主党のダニエル・モイニハンが政界引退を表明します。

アメリカの上院議員は全部で一〇〇人。全米五〇の州から各二人が選出されます。下院議員は、人口比に応じて各州に議席が割り振られますが、上院は州の代表という役割なのです。下院の任期が二年なのに対して、上院は六年。二年ごとに実施される下院議員選挙に合わせて、約三分の一ずつ改選されます。モイニハン上院議員は、二〇〇〇年に実施される上院議員選挙に出馬せずに引退を決めたのです。ベテラン上院議員の後任には、知名度のあるヒラリーこそふさわしい。かくして、現職大統領の妻が上院議員選挙に立候補するという前代未聞の出来事が起きたのです。

ヒラリーに対するアメリカ国民の感情は、愛憎半ばするものがあります。都市部では「プロフェッショナルに仕事に打ち込む女性」として高く評価されますが、地方では、「出しゃばり女」という受け止め方をされることが多いのです。その点、ニューヨーク州は都市部のインテリが多く、ヒラリーは好意をもって受け入れられました。共和党の相手候補をあっさりと破って当選を果たしました。

当然のことながら、夫のビルは、ヒラリーを全面的に支援します。選挙で夫のビルが応援してくれることについて、ヒラリーはこう述べています。

「自分が長年政府に尽くしてこられたのは、わたしの犠牲があったからだ、とよくわかっていた。今、わたしが政治的伴侶という派生的な役割から一歩先に進み、政治の羽を広げて試そうとしているのを見て、しっかりがんばれと励ましてくれた。脇に立って見ているのは、居心地のわるいことだろうに、妻に、候補者のわたしに無条件の熱烈な声援を送ってくれた」（前掲『リビング・ヒストリー』）

軍事委員会で実績を積む

アメリカの大統領候補は、上院議員や州知事の経歴を持った人が多いのが特徴です。上院議員として政治的経験を積んでいることか、州知事として行政手腕を磨いていることが期待されるからです。

ビルもアーカンソー州知事でした。ヒラリーは、上院議員として政治的経験を積むことが期待されました。期待に応えて、ヒラリーは上院の軍事委員会に所属。クリントンの後任大統領となったジョージ・W・ブッシュ（息子のブッシュ）のイラク攻撃の失敗の責任を追及します。

その結果、ブッシュ政権でイラク攻撃の指揮を執ったラムズフェルド国防長官を更迭させるという実績を挙げます。

ヒラリーは、イラクの戦場にいる兵士をしばしば慰問。最前線の兵士が直面する問題点を調べては議会で取り上げ、軍から一目置かれる存在になります。将来もし大統領になったら、大統領は軍の最高司令官。軍事にも精通していなければなりません。ヒラリーは、上院議員として実績を積むことで、二〇〇八年の大統領選挙出馬をめざしたのです。

大統領選挙へ

二〇〇七年一月、ヒラリーは、満を持して大統領選挙への出馬を宣言します。厳密に言えば、民主党の大統領候補に選ばれることをめざして運動を始める、という意味です。

アメリカの大統領選挙を勝ちぬくには、共和党ないしは民主党の大統領候補に選ばれなければなりません。両党は、翌二〇〇八年一一月の本選挙を前に、夏に党大会を開催。ここに集まった代議員たちの投票で正式な候補者を選出します。

ここに出席する代議員は、各州の代表。その代議員選びが、「予備選挙」といわれるものです。共和党も民主党も、州ごとに予備選挙や党員集会を実施。そこで勝った候補が、その州の決められた数の代議員の枠を総取りしたり、得票数に応じて代議員の枠を分け合ったりします。

予備選挙が進むにつれ、各候補の獲得代議員数がわかりますから、代議員総数の過半数を獲得した段階で、その候補が党の正式候補に選ばれることが事実上決まります。あとは夏の党大会で、代議員が投票するというセレモニーを経て、正式な候補となります。

当初、ヒラリーは圧倒的な人気を誇り、民主党の大統領候補に選ばれるのは確実と見られていました。

ところが、次第に伏兵が力を伸ばします。バラク・オバマ上院議員です。オバマ陣営は、インターネットを駆使して献金を集め、豊富な資金力で圧倒します。

アメリカの大統領選挙は、本選挙でも予備選挙でも、テレビＣＭが大きな効果を発揮します。そのために莫大《ばくだい》な費用がかかります。オバマ陣営は、誰でもネットで少額から政治献金ができるシステムを構築。ヒラリーを圧倒したのです。

オバマに敗北

アメリカの大統領に女性がなるのはいつか、黒人が就任するのはいつのことか。長らく言われてきたことですが、この年、民主党員は、女性大統領候補か黒人大統領候補か、という選択を迫られたのです。

こういうときは、女性にとって不利になると、アメリカ政治に詳しい明治大学名誉教授の越智道雄《おちみちお》氏は分析します。

「『人種差別主義者と見られるくらいなら、女性差別主義者と見られたほうがましだ』というリベラルな白人男性の隠された心理が基礎にある。人種差別と女性差別がねじり合わされた土俵では、ほぼ必ず女性が負けるのだ」（『ヒラリー・クリントン』）

この現象を象徴するのが、ヒラリー陣営幹部だった女性のジェラルディン・フェラーロの発言に対する世論の反応でした。過去に女性初の副大統領候補になったことがある彼女は、「オバマが白人男性だったら、いえ、白人女性だったとしても、今の立場にいなかったでしょう。今の彼であることは幸運だった。そしてこの国はそのコンセプトに夢中になっています」（同前）と語ったのです。

陣営の女性たちの本音だったのでしょうが、これが黒人差別として非難を受け、フェラーロは陣営幹部を辞任します。オバマをうっかり批判することは困難になります。黒人差別だと受け取られかねないからです。こうして、オバマとの差が開いていきました。

それでもヒラリーは諦めずに粘りに粘り、最終的に撤退を表明したのは六月になってからでした。

この選挙戦で、豊富な資金を獲得したオバマとは異なり、ヒラリーは日本円で一〇億円を超える多額の借金を背負い、大統領選挙直後から返済に追われることになります。

国務長官として世界を飛び回る

民主党の予備選挙では激しい戦いを繰り広げたオバマですが、ヒラリーの実力は高く買っていました。大統領に当選すると、ヒラリーを国務長官に指名したのです。大統領選挙で亀裂が入った党内の修復を図る狙いもありました。

アメリカの国務長官とは、日本の外務大臣に当たります。アメリカが建国された当時は、省庁の数も少なく、国務長官は多くの仕事を抱えていましたが、次第に各種省庁が誕生し、結局、国務長官には外交の担務だけが残ったのです。

国務長官の地位は高いことで知られています。アメリカの大統領にもしものことがあった場合、大統領を代行する順番が決められていますが、まずは副大統領、次は議会下院議長、その次は上院議長代行（上院議長は副大統領が兼務するため）、そして国務長官です。

国務長官としてのヒラリーは、猛烈な仕事ぶりを見せました。一期四年の任期中、実に一一二カ国を歴訪したのです。歴代の国務長官では最多を誇ります。

国務長官としてのヒラリーが選んだ最初の訪問国は日本でした。彼女は、その理由をこう記します。

「私の顧問の何人かは、最初の外遊では、ブッシュ政権で生じた大西洋両岸の亀裂を修復するために欧州に行くべきだと進言した。また別の何人かは、米軍が手ごわい反乱勢力と戦っているアフガニスタンに向かうべきだと主張した」

「しかし、新副長官のジム・スタインバーグは、二一世紀の歴史の多くが創られるアジアに行くべきだと進言した。私は彼が正しいと思ったので先例を破り、日本を最初の訪問地に選んだ。その後、インドネシア、韓国、最後に中国を訪れることにした。アジアと全世界に対し、米国が戻ってきたというメッセージを送る必要があったのである」(ヒラリー・ロダム・クリントン著、日本経済新聞社訳『困難な選択』)

アメリカはアジアを重視する。これがヒラリーの方針であり、オバマ政権の方針にもなりました。ヒラリーは、こう書きます。

「最初の課題は、中国とのあいだに不要な摩擦を引き起こさずに、米国が太平洋国家であることを再び強調することだった。そのために、私は国務長官としての最初の外遊で三つの目標を掲げた。一つ目に、アジアにおける重要な同盟国である日本と韓国を訪問する。二つ目は、地域の新興大国であり、ＡＳＥＡＮの中心であるインドネシアに働きかける。そして、我々にとってきわめて重要な中国との関与を始めることである」(同前)

しかし、中国を相手にヒラリーは苦戦します。勃興する中国は自信をつけ、東シナ海でも南シナ海でも傍若無人の振る舞いを見せるようになっていました。ヒラリーが、中国の要人との会談でこの点を指摘すると、中国側は、それらの海は、中国にとっての「核心的利益」であると主張し、真顔で怒りを見せたからです。

アメリカにとって中国は、その後も手ごわい相手となります。夫のビルが大統領の時代、中国を訪問しても日本は素通り。ジャパン・バッシング（日本叩き）ならぬジャパン・パッシング（日本無視）と言われました。夫が中国を日本より重視していたのに対して、ヒラリーは、同盟国・日本を重視しました。

ヒラリーが大統領になっても、中国とは困難な交渉を続けることになるでしょう。そのとき日本は、ヒラリーにとって、同じ価値観を有する同盟国として位置づけられるのです。

二〇一三年二月、ヒラリーは、国務長官の職務を一期限りで退任しました。高い支持を得たまま。多くの国民が、ヒラリーの退任は、次期大統領選挙への準備をするためと受け止めました。

そして、「ガラスの天井」に挑戦

そして、そのとおりとなりました。二〇一五年四月、ヒラリーは、翌年の大統領選挙の民主党候補指名に向けて選挙戦を開始することを宣言したのです。

「一番高く、最も硬いガラスの天井を打ち砕くことはできなかったが、一八〇〇万のひびを入れた」

これは、二〇〇八年六月、民主党の予備選挙でオバマに敗れ、撤退を表明したときのヒラリーの言葉です。上は見えるのに、そこまで行けない。女性の社会的進出に限界がある現実を表現した言葉が「ガラスの天井」です。ヒラリーは、この「ガラスの天井」によって、自らが大統領候補にはなれなかったと主張しました。しかし、予備選挙で一八〇〇万票を獲得しました。これが、「ガラスの天井」に入れることができた「ひび」だと表現したのです。

あれから七年。六七歳になったヒラリーの再出馬です。ただし、宣言した場所は、記者会見でも集会でもありません。選挙運動用に立ち上げたウェブサイトに動画を投稿し、ここで宣言したのです。ネット時代を象徴する行動でした。今度こそ、前回のようにネット利用で後塵《こうじん》を拝することはないとの決意表明でもあるのでしょう。

この動画で、ヒラリーは「チャンピオンになりたい」と宣言しました。

「私は大統領に立候補します。我が国は困難な経済の停滞から回復しようとしています。しかし不況は依然として続いており、富裕層に有利な状況になっています。一般のアメリカ人は常にチャンピオン（擁護者）を必要としています。私はチャンピオンになりたい。そうすれば今の暮らしよりももっと良くなるでしょう。前に進み、守ることができます。なぜなら、家族が強くなれば、アメリカは強くなるからです」（「ハフィントンポスト」四月一三日）

日本語でチャンピオンといえば、トップのイメージですが、英語には、弱い者を守る「擁護者」のニュアンスがあるのです。

国務長官時代のメールで苦戦

出馬を宣言すると、早速ヒラリー攻撃が始まりました。ヒラリーが国務長官時代、公務でのやりとりに、私用メールを使っていたことが暴露されたのです。

国務長官は国家機密を扱うことも多いので、公務に当たっては、傍受できないように防護されている公用メールを使わなければなりませんが、それを怠っていたことがある、というものです。

これについてヒラリーは当初、事実を認めたものの、謝罪しようとはせず、その結果、ヒラリーの支持率は下がっていました。九月になってようやく、国民に謝罪しました。

さて、これで支持率は回復するのか。それとも、「ヒラリーは嫌い」という層が、本音は隠しつつ、「メールの公私混同は許せない」と批判することで、大統領への道を阻もうとするのか。

二〇一六年二月から民主党の大統領候補を選ぶ予備選挙が始まりました。アメリカのみならず世界の女性たち、いや男性たちからも注目を浴びてきたヒラリーは、アメリカを、そして世界を変えるのでしょうか。

第四章

第二の「毛沢東」か　習近平

写真：ロイター／アフロ

絶対的な権力者に

中国の農村に政府の要人が視察に来ることになり、村の役人が、農民に告げた。

「一週間後に、中国共産党総書記、国家主席、中央軍事委員会主席、中央全面深化改革指導小組組長、中央財経指導小組組長、中央インターネット安全指導小組組長、中央国家安全委員会主席、中央外事指導小組組長がいらっしゃるから、粗相がないように」

これを聞いた農民は驚き、「正確には何人なんだね」と尋ねると、役人は答えて曰《いわ》く、

「今のは習主席一人の肩書きです」

これは、中澤克二氏の著書『習近平の権力闘争』に紹介されているジョークのあらましです。中国の習近平が、いかに権力を集中させ、独裁的権力を握るようになったかの象徴的なエピソードではありませんか。

習近平の肩書を日本に当てはめてみると、総理大臣と国家公安委員会委員長、警察庁長官、最高検察庁の検事総長、最高裁判所長官、防衛大臣、行政改革担当大臣、外務大臣を

兼ねているようなものです。

いまやあらゆる権力を一手に握り、誰も歯向かうことのできない存在に上り詰めた習近平。その存在は、〝建国の父〟である毛沢東《もうたくとう》を彷彿《ほうふつ》させます。

その中国は、最近の南シナ海での傍若無人な振る舞いなど、勃興する大国として周囲に脅威を与えています。習近平は、アジアの暴君になるのでしょうか。

その一方で、中国は最近になって経済が失速。景気が急に落ち込んだことで、日本を含む世界経済にも大きな影響を与えています。習近平は、中国経済を立て直すことができるのでしょうか。

いまや「第二の毛沢東」とも評される習近平は、一体どんな人物で、中国をどこへ導こうとしているのでしょうか。

共産党員八七七九万人の頂点

習近平を説明するためには、まずは中国共産党の権力構造から解説しなければなりません。

中国共産党は、日本のメディアで「事実上の一党独裁」と表現されます。実は中国には、共産党のほかに八つの政党が存在しているのです。ただし、これらの政党は、いずれも党の綱領に「中国共産党の指導に従う」と明記されています。他の政党の指導に従うという党が、独立した政党のわけがありません。形式的には複数政党制だけれど、実際には共産党の独裁。そこで、「事実上の一党独裁」という表現になるのです。

中国共産党の党員数は八七七九万人。一三億の人口を、この党員たちが動かしています。となれば、党大会は頻繁に開かれているのだろうと思ってしまいがちですが、共産党全国代表大会は、実は五年に一度しか開かれないのです。党大会が、単なるセレモニーと化していることは容易に推測できます。

党大会と次の党大会までの指導部を構成するのは、中央委員会です。中央委員は二〇五人。それとは別に候補委員が一七一人います。ところが、中央委員会も、総会を開くのは一年に一度。これも、上層部が決定したことを追認するだけの組織であることがわかりますね。そもそも、これだけの大人数ですから、総会で実のある議論ができるはずはありません。

そこで、実際の業務は、中央委員会の上部に当たる中央政治局が担っています。このメンバーは二五人です。

さらに、この二五人のうちの七人が、中央政治局常務委員会を構成します。そのトップが総書記。現在は習近平です。

つまり、実質的には七人の常務委員が、一三億人の国家を動かしているのです。中国は、「七人による独裁」と称してもいいでしょう。

「太子党」の一員だが

習近平は一九五三年六月生まれ。現在六二歳。世界を見渡すと、決して若いリーダーとは言えませんが、過去の中国の政治家たちを振り返りますと、それなりに若いと言えるでしょう。過去の毛沢東の独裁に懲りた中国は、指導者の定年制を敷いているからです。常務委員は、任期中に六八歳になると、そこで引退するというのがルールです。

二〇一二年一一月に開かれた中国共産党第一八回全国代表大会後に総書記に選ばれた習近平は、その時点での年齢が五九歳。五年後の党大会のときでも六四歳。もう一期務めることが可能です。つまり二期連続で計一〇年間、トップの座にいることが可能なのです。二〇〇七年一〇月に開催された第一七回党大会で、新しく常務委員になった習近平。このときまでに、将来の総書記候補は、李克強《りこくきょう》と習近平に絞られていました。とはいえ、エリートコースまっしぐらで出世の階段を駆け上がってきた李克強が、習近平をリードしていると見られていました。とりわけ、当時の総書記だった胡錦濤《こきんとう》が李克強を高く買っていたことを、多くの人が知っていたからです。

ところが、第一七回大会で決まった常務委員の序列は、習近平が六位、李克強が七位でした。序列五位までは、次の党大会で引退。必然的に、習近平が次期総書記兼国家主席（大統領に該当）となり、李克強は国務院総理（首相）に就任することが、このとき決まりました。表に出ないところでの権力闘争で、習近平が勝利したのです。

中国共産党幹部には二つの派閥の流れがあると言われています。共青団と太子党です。共青団とは、共産主義青年団。中国共産党の青年組織です。一般の国民が共産党の幹部になるには、実力が評価され、まずは青年組織である中国共産主義青年団に加入が認められるところからスタートします。

ここでの活動が認められると、次は共産党員に。党の階段を一歩一歩登っていかなくてはなりません。つまり、苦労人で努力家で実力派。これが共青団人脈です。李克強は、この派閥でした。総書記だった胡錦濤も共青団派閥。そこで李克強を後継者に引き立てようとしていたのです。

これに対して太子党とは、文字どおり「プリンスの党」。共産党幹部の二世のことです。父親のコネで出世した、という侮蔑のニュアンスが感じられる表現です。

習近平は、太子党です。父は元国務院副総理の習仲勲《しゅうちゅうくん》です。国務院とは内閣のことですから、内閣副総理大臣。最高幹部の一人でした。

第一七回党大会時点でも隠然たる権力を掌握していた元総書記の江沢民《こうたくみん》は、自らの権力を取り上げようとしている胡錦濤に反発。胡錦濤派の李克強が総書記になると、自分の権力が失われるとの危機感に駆られ、自分の意のままに動きそうな習近平を推したとされています。

党の幹部にも太子党が多数いますから、自分たちの仲間である習近平を支持しました。太子党の中でも「紅二代《こうにだい》」と呼ばれる人たちがいます。彼らの親は、革命前から共産党員で、抗日戦争（日中戦争についての中国側の呼称）を戦いました。共産党が政権を取る前からの革命家の子どもは、血筋がいいと評価され、太子党の中のエリートと位置づけられています。習近平は、この紅二代だったのです。

血筋と派閥がものを言う。これが現代でも中国政治の特徴です。

若いころから頭角を現していた李克強は、それゆえに周囲の嫉妬も買っていました。対する習近平は、地方での勤務が長く、地味な行動は、周囲の反発を買うこともなく、敵が少なかったのです。

しかし、父親が幹部だったら順調に出世できる、とは限りません。とりわけ習近平の父親の習仲勲は、文化大革命に翻弄され、数奇な運命を辿《たど》りました。その息子の近平も、地方で大変な苦労をすることになります。習近平は、二世政治家ではあるけれど、塗炭の苦しみを経験した実力者でもあるのです。

それだけに、周囲の嫉妬を買うことの恐ろしさ、権力闘争の熾烈《しれつ》さが、若くして骨身に染みていたはずです。突出しないよう、目立たないように行動することで、周囲の警戒感を削《そ》ぎ、徐々に権力の階段を登ってきました。その経験が、土壇場になって生きたのです。

では、習父子を苦しませた文化大革命とは、どのようなものだったのでしょうか。まずは、習仲勲の経歴から見ることにしましょう。

一度は失脚した父親・習仲勲

習仲勲は、一九二八年という初期から中国共産党に入党していました。日中戦争当時は、中国大陸の北西部で革命根拠地を作るなど、幹部として活動しました。

一九四九年一〇月、中華人民共和国が成立すると、一九五二年には党の中央宣伝部長に就任します。さらに一九五六年に中央委員となるなど、順調に党の出世の階段を進みました。

しかし、一九六二年、習は「反党集団」というレッテルを貼《は》られ、党内外の全職務を解任されました。失脚です。このとき息子の近平はわずか九歳でした。

これは、文化大革命の先駆けでした。これ以降、文化大革命の嵐が中国全土を吹き荒れます。文化大革命とは、共産党トップの毛沢東による壮大な奪権闘争でした。

建国の父として尊敬を集めていた毛沢東は、共産党主席（当時の呼称。現在の総書記のこと）と国家主席を兼務していましたが、建国の約一〇年後に実行した「大躍進政策」が大失敗。批判を浴びて、国家主席の座を劉少奇《りゅうしょうき》に譲っていました。

「大躍進政策」とは、アメリカを追い越せと号令をかけていたソ連にならい、「ソ連がアメリカを追い越せるなら、資本主義国の中でアメリカに次ぐ地位のイギリスを、社会主義国でソ連に次ぐ中国が追い越せるだろう」と毛沢東が夢想したことから始まりました。科学的な根拠もなく、条件が整わない中で、農民たちに製鉄を強いたため、燃料となる森林が伐採され、中国全土に禿山《はげやま》が広がりました。

農民たちは、農作業そっちのけで製鉄に取り組んだため、農業生産は激減。飢餓が広がり、少なくとも四〇〇〇万人が餓死したとされています。

毛沢東は、その責任を取らされたのです。毛沢東に代わって政権を担うことになった劉少奇や鄧小平《とうしょうへい》が経済を立て直すと、毛沢東は自身の存在に危機感を抱き、奪権闘争を試みます。要するに嫉妬したのです。まだ国民には人気があったことを利用し、自分への個人崇拝を煽《あお》ります。若者たちを扇動して、劉少奇や鄧小平などを「走資派《そうし》」（資本主義への道を進む者）と批判。追い落としにかかりました。

そのときのスローガンが、「封建的文化、資本主義的文化から社会主義文化へ」というものだったことから「文化大革命」と呼ばれました。

毛沢東は、知識人たちに対し、「頭でっかち」になることを諫《いさ》め、肉体労働の大切さを説きます。肉体と精神のバランスのとれた人間こそが共産主義的人間だと主張しました。

これを、日本では「魂に触れる革命」などと高く評価する人たちもいましたが、実際は、党の実力者を追い落とし、自分のライバルになりうる知識人を追い出す口実だったのです。

しかし、この理論は、やがてカンボジアのポル・ポトに影響を与え、ポル・ポトは、都市の住民を根こそぎ農村地帯に追いやり、無理な農作業を強制。多数の犠牲者を出す悲劇を生みます。

毛沢東に扇動された若者たちは、自らを「紅衛兵《こうえいへい》」と称しました。「紅」つまり共産主義を守る「衛兵」という意味でした。共産党の幹部たちを次々に吊《つる》し上げ、自己批判を迫るという一大運動を繰り広げ、多数の死者や自殺者を発生させました。

宗教も否定し、各地の歴史ある寺院が破壊されました。とりわけチベットでは、チベット仏教を否定し、紅衛兵たちが寺院や仏像、仏典を破壊して回りました。このとき中国全土で失われた貴重な遺産は数限りないのです。

そのうちに紅衛兵同士の路線対立から武闘が繰り広げられ、多数の死者を出します。毛沢東のお墨つきのある紅衛兵ですから、警察も手が出せませんでした。

かくして毛沢東は、劉少奇や鄧小平を追い落とし、独裁権力を取り戻します。

そうなると、今度は紅衛兵が邪魔になります。そこで打ち出したのが「下放政策」。青少年たちに対して、「農民から学べ」と号令をかけ、首都・北京から追い出したのです。

この文化大革命により、諸説ありますが、数百万の命が失われたとされています。毛沢東は、ここでもまた、多数の国民を死に追いやったのです。

一九七六年、毛沢東が死去したことで、文化大革命はようやく終息に向かいましたが、習仲勲自身は、さらに二年後の一九七八年までの一六年間、身柄を拘束されたままになっていました。

復活後、習仲勲は中央委員になり、出世の道をようやく歩み始め、一九九三年に公の場から引退。二〇〇二年に北京で病死しています。

文化大革命で下放

習近平は、父・習仲勲が批判された文化大革命において、「反動派の息子の反動学生」とされ、一九六九年から七年間、陝西《せんせい》省延安市延川《えんせん》県梁家河に下放されました。親が「反動」というレッテルを貼られると、子どもたちも同罪となる。ここでも血筋が左右するのです。このとき習近平は、まだ一五歳でした。

習近平が下放された延安は、かつて中国共産党が抗日戦争の根拠地とした場所。現代中国にとって「革命の聖地」なのです。

このあたりは、砂漠地帯に近く、黄土に覆われた貧しい土地です。栽培できる農作物は粟《あわ》やトウモロコシ。食料も満足にない貧しい農村の洞穴式住居（ヤオトン）に住んだのです。文字どおり洞穴を人が住めるように改造したものでした。

若い習近平には過酷な生活で、一時は苦しさに耐えかね、北京に逃げ帰ったこともありました。

しかし、ここで習近平は、生涯の友人と出会います。それが、現在、習とともに、腐敗した幹部の摘発を進めている政治局員の王岐山《おうきざん》でした。王は、共産党員の不正を捜査する中央規律検査委員会のトップでもあります。習近平は、共産党に巣くう巨大な腐敗との戦いの同志として、信頼できる王岐山を選んだのです。

王も習の近くの村に下放されていました。王の父は、革命前に国民党の仕事についていたことがあり、文化大革命が始まると、それが「罪状」となって批判され、息子にまで罪が及び、下放されたのです。

当時の貧しい農村では、読み書きできる人も少なく、都会から送り込まれたインテリにとっては、耐えがたい環境だったはずです。そこで巡り合えた、同じような境遇の知識青年。二人が意気投合したのは当然だったでしょう。習は王の洞穴の住居を訪ねて話し込み、一つしかない毛布を分け合って寝たといいます。

下放された習近平は、一度は北京に逃げ帰りましたが、次第に地元に溶け込みます。地味で目立たないながらも、実績を挙げたのです。かくして一九七四年に中国共産党への入党が認められます。農村部でメタンガスの利用を推進したことが、高く評価された結果とされています。

下放解け、軍の経歴を獲得

一九七五年、ようやく下放が解けると、北京に戻り、エリート大学である清華大学化学工程部に学ぶことができました。中国のエリート大学と言えば、北京大学を想起する人も多いでしょうが、清華大学と北京大学がツートップ。とりわけ清華大学は理工系にエリート学生を集めています。

一九七九年からは、すでに復活していた父の知人で共産党中央軍事委員会秘書長の耿飈《こうひょう》の秘書となります。ここで、太子党としてのコネが使えるようになったのですね。

共産党中央軍事委員会とは、党内部で人民解放軍を指揮する組織です。かつて毛沢東は、「権力は銃口から生まれる」と言ったことがあります。銃口つまり軍隊を持っている者が権力を掌握する。人民解放軍は、国家の軍隊ではなく、中国共産党の軍隊なのです。

ですから、人民解放軍は、共産党の指示で動きます。その指揮命令系統のトップに存在するのが、中央軍事委員会なのです。共産党のトップの総書記という肩書は、中央軍事委員会主席を兼務することで初めて、十全たる権力行使が可能になります。

ここで要職を占めていた耿飈の秘書となることで、習近平は、若くして軍に人脈を作ることができました。実際に汗水たらして現場の兵役を経験したわけではありませんが、この経歴によって、「軍にいた」という箔《はく》がつくのです。人民解放軍も、習のことを身内の人間と考えています。これが習近平の権力基盤の安定をもたらします。

そんな習近平に大きく飛躍するチャンスが回ってきました。それは国民的歌手との結婚でした。

国民的人気歌手と結婚

一九八六年、厦門《アモイ》市の副市長時代に、彭麗媛《ほうれいえん》と見合いします。彭は人民解放軍所属の歌手。彼女は当時すでに国民的人気歌手になっていました。日本で言えば美空ひばりにたとえられます。

日本でも海上自衛隊東京音楽隊所属のソプラノ歌手の三宅由佳莉《みやけゆかり》さんが「海上自衛隊の歌姫」として人気です。その中国版とでも言えましょうか。

見合いで互いに一目ぼれ、ということになっています。第一印象はどんなものだったのか。

「私は会いたくなかったのですが、友人がしきりに勧めるので、わざと汚れた軍服を着て行きました。すると彼も普段着でした」「すっかり話し込んで、彼と結婚しようと決めました。後になって、近平から『私も君と会って四〇分もたたないうちに妻にしようと思った』と聞かされました」(峯村健司『十三億分の一の男』)

実は習近平はその前に別の女性と結婚していましたが、夫婦関係はうまくいかず、三年も経たずに離婚。彭麗媛と見合いしたときには独身でした。

しかし、それより前から二人は恋仲だったという情報もあります。

「実際のところは七九年、彭麗媛がまだ山東省の田舎歌手であったころから、恋仲にあったという。習近平は彭麗媛との結婚を望んだが、八大元老の一人、習仲勲の息子は自由には結婚できなかった。共産党中央の幹部たちにとって、婚姻とは自らの政治的影響力や人脈を広げるための重要な手段である。地方の芸能人風情との恋愛婚など許されない。習近平は当時駐英大使であった柯華《かか》の娘・柯小明《かしようめい》と政略結婚させられる。だが、結婚後も彭麗媛との関係は切れず、いわゆる不倫関係が続いていた」（福島香織『権力闘争がわかれば中国がわかる』）というのです。

結婚生活は長く続かず、その間に柯華は出世コースから外れる一方、彭麗媛は国家を代表する歌姫になっていました。もはや再婚を邪魔する要素はなかったというのです。

彭麗媛は一九六二年一一月、山東省に生まれました。父は文化館の館長でしたが、文化大革命で失脚。迫害されます。境遇が習近平と似ていますね。

幼少期から歌唱力に優れ、その才能に気づいた中学校の教師の勧めで音楽の道に進み、中国音楽院を経て、一九八四年、人民解放軍総政治部歌舞団に入団します。軍には軍楽隊や音楽隊がつきものなのです。

この年には日中青年交流活動で北京を訪れた芹洋子《せりようこ》と一緒に「四季の歌」を歌ったこと

もあります。

当時は地味だった習近平は、結婚以降、おごることなく、「彭麗媛の夫」と呼ばれることに甘んじるようになります。

中国で出世するには、目立たないことが大事。なまじ若くして頭角を現すと、足を引っ張られ、上から押さえつけられる。父親の熾烈な権力闘争を間近で見ていた習近平は、この教訓を守ったのです。

ちなみに、夫婦の間には一人娘の習明沢《しゅうめいたく》がいます。浙江大学外国語学院を卒業後、アメリカのハーバード大学ケネディスクール（公共政策大学院）に留学・卒業しています。留学中は、習近平の娘であることを隠して偽名で通し、常に男性のボディガード二人が付き添っていたそうです。

余談ですが、習近平の弟は習遠平《しゅうえんぺい》といいます。近平と遠平とは、日本人からすると、なんとも言えないネーミングのセンスですが、習遠平もまた、解放軍の美人歌手と結婚しています。

地方勤務が続く

軍の経歴を手に入れた後、彭麗媛と結婚することで、習近平は一段と軍との関係を深めます。彭麗媛は軍内部で昇進。少将の階級にまで達しています。

その一方で、習は、地方勤務を続けます。ライバルの李克強が中央で華々しい活躍をするのを横目に、地方を転々とします。厦門市の副市長や福州市の共産党委員会書記、福建省の省長代理を経て、二〇〇〇年には福建省の省長となります。日本なら県知事に該当しますが、日本の知事は県民の選挙で選ばれるのに対して、中国では、共産党の人事として決定されます。

二〇〇二年には浙江省の共産党委員会書記に就任。省長より上の地位で、省の最高位です。

二〇〇六年、上海市で大規模な汚職事件が発覚し、上海市トップの共産党委員会書記の陳良宇《ちんりょうう》が罷免されると、翌年、後任に就任します。かつて同じ立場にいた江沢民がトップになったように、上海市の党委員会書記は出世コースです。地方勤務が長かった習近平が、ついに中央への切符を手に入れたのです。

江沢民に引き上げられる

長く共産党の総書記と国家主席を務めた江沢民は、政治の表舞台からは引退したものの、引退に際し、共産党中央委員会は、「大事なことは江沢民同志に相談する」という秘密決議を採択していたといわれます。

江沢民は、表舞台から姿を消しても、隠然たる権力を保持していたのです。後継者の胡錦濤が総書記と国家主席になり、次第に力をつけていくと、江沢民は、自分の権力が奪われることを恐れました。当時エリートコースを走っていた李克強は胡錦濤のお気に入り。もし李克強が胡錦濤の後継に選ばれたら、自分は権力を維持できなくなる。こう考えた江沢民は、二〇〇七年の党大会の前、李克強の対抗馬になりうる人材を探していました。そこで浮上したのが習近平でした。

江沢民の人脈に連なる曾慶紅《そうけいこう》は習近平と同じ「紅二代」で、習近平と交流を続けていました。そこで江沢民に対して、習近平を推したといわれています。

習近平なら、目立たない男だったので、自分たちの言うことを聞くだろうと考えて選んだとされています。

かくして二〇〇七年一〇月の共産党中央委員会総会で、政治局常務委員に昇格しました。さらに翌年の全国人民代表大会で国家副主席に選出されました。

天皇会見実現してトップの座を不動に

二〇〇九年一二月、習近平は来日します。ここで天皇との会見を果たしますが、これが日本国内で波紋を広げます。

というのも、宮内庁には通称「一カ月ルール」というものがあり、外国の要人が天皇との会見を望む場合、一カ月前までに申し込むことになっているからです。これは、二〇〇三年、天皇が前立腺癌《がん》の手術を受けられた後、健康を心配した宮内庁が外務省に求めていたルールです。

習近平の来日スケジュールがなかなか決まらず、来日の日程が決まったときには一カ月を切っていました。そこで鳩山由紀夫内閣は、このルールにもとづき、習近平の天皇との会見を断ります。これに中国側が猛反発。会見の実現を要求しました。

中国側が攻略したのは、民主党政権で党幹事長だった小沢一郎でした。小沢に対して、天皇との会見が実現するように働きかけます。小沢は剛腕で宮内庁を攻略。習近平との会見を認めさせたのです。

習近平が意識していたのは前任者・胡錦濤でした。胡錦濤は国家副主席に就任した年に来日。天皇と会見していたからです。日本の天皇と会見できれば、中国の次期国家主席の座を確実なものにできる。中国側には、こんな思いがあったのです。

その甲斐あってかどうか、二〇一〇年一〇月、習近平は共産党中央軍事委員会副主席に就任します。軍事委員会で胡錦濤に次ぐナンバー2になったことで、胡錦濤の後継者になることが確定しました。軍を掌握してこそトップに立てる。これが中国の政治構造です。

軍の経歴を持ち、軍の少将を妻に持つ習近平は、有利な立場にいたのです。

二〇一二年一一月に開催された中国共産党第一八回大会で、胡錦濤と温家宝《おんかほう》は引退し、中央委員会総会で習近平が中央委員会総書記と中央軍事委員会主席に選出されました。

中央委員会総会で総書記に選出されると、翌年に開かれる全国人民代表大会で国家主席に選出される。これが中国のルールです。ルール通り、習近平は、二〇一三年三月一四日、国家主席に選出されました。その翌日、習近平は李克強を国務院総理に任命。習近平・李克強体制が発足しました。

習近平より出世の階段で先を行っていたはずの李克強は、最後になって逆転されました。前任者の胡錦濤国家主席・温家宝首相のコンビは、役割分担がはっきりしていて、温家宝のカラーが出る政治が実行されていましたが、習近平は、国家主席になるや、首相の権力をすべて自分のものにして、独裁政権の道を進むことになります。かつてない「反腐敗」の嵐が吹き荒れることになるのです。何が起きているのか、習近平は、いかにして〝第二の毛沢東〟になりつつあるのか。

「人民日報」を「占拠」する習近平

中国のトップに上り詰めた習近平に対する中国国内の〝個人崇拝〟の動きが過熱しています。その様子を、アメリカの経済紙「ウォールストリートジャーナル」は次のように皮肉っています（「ウォールストリートジャーナル日本版」二〇一五年一二月四日）。

「中国では、きょうの新聞で何がニュースになっているだろう。中国共産党の機関紙、人民日報の読者なら、それは習近平、習近平、習近平、そして習近平だ。

人民日報は共産党好みのニュースを伝えることで知られている。ただ、四日付の紙面では、ただでさえこれ以上ないほど持ち上げられている習近平氏がさらに持ち上げられた。一面トップのヘッドライン一一カ所に『習近平』の文字が踊ったのだ。

現在、習主席は五日間にわたるアフリカ歴訪中だ。同氏はそこで巨額の新規投資を約束し、アフリカ各国首脳との関係強化に努めている。

二面なら習主席以外のニュースがあるかもしれないと思った読者も期待を裏切られた。習主席とアフリカ諸国の指導者が握手している写真九枚が二面のほぼ全部を占めているからだ。そして三面の半分は習主席が執筆し、南アフリカ・ヨハネスブルグを拠点とするスター紙に掲載された中国とアフリカとの関係についてのコラムで占められている」

かつて毛沢東の個人崇拝が盛んだったころ、「人民日報」は連日、毛沢東の動向を伝えていました。いま、まったく同じことが起きているというのです。

「庶民的な指導者」演じる

しかし、個人崇拝を強固にするには、「国民に愛される指導者」像も必要になります。それが「肉まん写真」です。

二〇一三年一二月二八日、習近平とお付きの一行は、北京市内の庶民の街で肉まんの店「慶豊包子舗」に立ち寄りました。

中国のトップが庶民の街を歩くことなど、これまでの常識では考えられないこと。しかも習近平は、店内で客の列に並んで注文し、自ら料金を支払い、肉まんを皿に載せて席まで運んで食べたのです。

習近平はネギの入った肉まんを六つ、レバー炒めとからし菜を注文しました。全部で二一元（約三七〇円）だったそうです。

拡散した写真を見ると、混雑する店内の共用テーブルに腰を下ろした習近平の周りには子どもたちが集まり、カメラや携帯を構えている大人たちの様子が写っています。客の求めに応じて、一緒に記念撮影に応じる様子もあります。周辺に警備要員の姿はありません。いないわけはないので、カメラの視界に入らないようにしていたのでしょう。

庶民の店に警備要員を引き連れずにフラリと立ち寄り、質素な昼食をとる。「これぞ庶民的な指導者」を演じています。

これが日本ですと、日本の政治指導者が同じことをすれば、「庶民ぶりやがって」という批判の声がネットに出るのでしょうが、中国のネットでは賞賛の声が溢《あふ》れました。

その後、この行動は、かつての皇帝の振る舞いを真似たものではないか、との話が広がりました。それは、一七五二年のこと。清朝最盛期の皇帝、乾隆帝《けんりゅうてい》がお忍びで料理店を訪れた故事です。

その日は大晦日《おおみそか》。乾隆帝はお忍びで北京の郊外へ出かけ、市内に戻ると食事の場所を探したのですが、大晦日のため、どこも店じまい。たまたま開いていたのは、一軒の店だけ。乾隆帝一行は身分を隠し、ここで食事をとります。その際、店長に「この店の名前は？」と尋ねます。店長が「名前などない小さな店です」と答えると、乾隆帝は、「このようなときにまだ営業しているのは、都でこの店一軒だけだ。都一処と呼ぼう」と言います。

数日後、「都一処」と書かれた額が届けられ、あのときの客が乾隆帝の一行であることが明かされます。

ときの皇帝から贈られた額が飾られた店は、それから大繁盛。この店は、いまも人気の店として存在しています。

乾隆帝が立ち寄った店が、それ以降繁盛したように、習近平が入った肉まん店も、それから人気の店となります。翌二〇一四年一〇月の国慶節（建国記念日）の大型連休中には中国各地から観光客が殺到し、肉まん一二〇〇万個が売れたそうです。

習近平は、清朝の皇帝を意識しているのでしょう。まさに「現代の皇帝」になろうとしているのではないでしょうか。

「トラもハエも叩《たた》く」

「現代の皇帝」になるためには、国民に支持されていなければなりません。毛沢東も、その人間性はともかく、国民の熱狂的な支持があったからこそ、絶大な権力を振るうことができました。習近平がめざすのも、国民の支持を得ること。そこで打ち出したのが、汚職との徹底的な対決。題して「トラも叩けばハエも叩く」と呼ばれる方針でした。

「トラ」とは政財界の大物を指す隠語。「ハエ」は下っ端の汚職役人。大物も小物も、すべてを取り締まる。

国家主席に駆け上った習近平は、中国社会を蝕《むしば》む汚職と対決することになりました。あまりに蔓延《まんえん》する汚職。これを放置しておいたのでは、国家が存続できません。国民の不満も頂点に達していました。このままでは人民の反乱による革命だって起きかねません。

中国は、どうしてここまで汚職体質の国家になってしまったのか。それは、中国共産党一党独裁に原因があります。

中国は、建前としては「社会主義国家」。さまざまな規制で社会はがんじがらめです。企業経営者なり一般庶民なり、何か新しいことを始めるには、役所の許認可が必要になります。規制によって守られている権力や役所は、規制を手放したくありません。このため、許認可権を持っている人に対して賄賂攻勢をかけるようになります。

これが民主主義社会ですと、役人の汚職は、警察や検察が独立して捜査し、独立した裁判所が判決を下します。あるいは独立したメディアが書き立てます。こうした相互チェックが、汚職を蔓延させない安全弁になっています。

ところが、中国共産党が絶対的な権力を持つ中国では、あらゆる権力を共産党員が握っています。

汚職役人も警察幹部も検察幹部も裁判官もメディア経営者も、みんな共産党員。仲間内で汚職摘発などしないし、新聞テレビも報道しません。かくして汚職はやり放題。その広がりは、一般庶民の怒りを掻《か》き立てます。

中国では、共産党員は数々の特権を持っています。その最大のものは「不逮捕特権」でしょう。警察も検察も、共産党員には手が出せないのです。共産党の指導を受ける立場だからです。

では、共産党員の犯罪は誰が裁くのか。それが共産党内に設置されている規律検査委員会です。地方の共産党には地方の規律検査委員会が、中央には中央規律検査委員会があって、捜査します。警察と検察、裁判所を兼ねたような組織が捜査を行い、処分を決めます。最も重い処分は共産党からの「除名」です。

除名程度で済むのか、と思うかも知れませんが、そうではありません。共産党員でなくなれば、不逮捕特権が剝奪されますから、警察や検察が逮捕・起訴でき、裁判所が有罪判決を言い渡すことができるのです。

「トラ」は周永康《しゅうえいこう》

もしあなたが、警察庁長官と最高検察庁の検事総長と最高裁判所長官を兼ねていたら、誰も逆らうことはないでしょう。あなたは何でもできます。事件にするかしないか、有罪か無罪か、すべてを決められるのですから。

こんな力が一人に集中することがあるのが、現在の中国です。「権力は腐敗する、絶対的権力は絶対的に腐敗する」という、ジョン・アクトンの有名な言葉があります。それが中国なのです。

中国共産党の周永康・前政治局常務委員は、こんな力を持っていました。まさに「トラ」だったのです。

中国では、中央政治局常務委員まで務めた人物には、退職後たとえ汚職の容疑が出てきても手を触れてはいけない。これが従来の不文律でした。共産党のトップたちが、退任後も安心して暮らせるように、こうした不文律を確立していたのです。

しかし、不文律は、文字になっていないからこそ不文律。その気になれば、これを破ることができます。習近平は、このタブーに踏み込んだのです。その対象が周永康でした。

周永康は、一九四二年生まれ。北京石油学院を卒業しています。石油技術者でした。毛沢東が発動した文化大革命当時、国家を挙げて力を入れていた大慶《たいけい》油田に勤務していました。ここで出世のきっかけを摑みます。国有の中国石油天然気総公司（現在の中国石油天然気集団）の社長を経て、二〇〇七年に中央政治局常務委員に選ばれました。

先述したように、中国共産党員は八七七九万人。この巨大な組織を動かすのは中央委員会。とはいえ中央委員は二〇五人もいるので、実際には二五人の中央政治局委員が取り仕切ります。それでも数が多いので、この中から七人の常務委員が選ばれます。七人のうちの一人が習近平総書記。共産党トップの総書記は、国家のトップである国家主席も務めます。

周永康が常務委員になった当時、常務委員は九人でしたが、現在は七人と、一層権力が集中しています。

周永康は、常務委員であるとともに中央政法委員会書記を兼務していました。この中央政法委員会が、警察、検察、裁判所を統括する共産党組織。その書記とは、つまりトップです。

日本のような民主主義国では、三権分立が確立し、警察や検察は行政、裁判所は司法と分かれますが、中国は、憲法の上に共産党が君臨していますから、三権の上に共産党があるのです。

その責任者が周永康でしたから、アンタッチャブル。誰も手を出せない存在で、やりたい放題でした。

その周永康が、二〇一二年の共産党大会で政治局委員を退任した後、翌一三年になって中央規律検査委員会の捜査を受け、失脚したのです。

中央規律検査委員会のトップは、習近平の盟友で常務委員の王岐山。先述したように、習近平が下放され、不遇の生活を送っていた時代に知り合った生涯の友です。ということは、周永康への捜査は常務委員会が承認したことであり、習近平の指示に従っていることがわかります。

中央規律検査委員会は、二〇一三年から周永康の元部下や元秘書、息子や弟など一族郎党への捜査を強化し、多数を取り調べてきました。そしてついに本丸攻めに踏み切ったのです。「一族郎党を一網打尽」というわけです。

二〇一四年一二月、共産党中央政治局の会議で、周永康の党籍を剝奪し、身柄を司法機関に移すという決定が下されました。これで共産党員ではなくなり、ただの人になったのです。

二〇一五年四月、周永康は収賄、職権乱用、国家機密漏洩《ろうえい》の三つの罪で起訴され、六月になって判決が下されました。起訴事実が多数に上るにもかかわらず、日本では考えられないスピード判決です。判決は無期懲役。政治的権利の終身剝奪と個人財産の没収でした。ロイター通信によると、周永康とその一族による蓄財は約九〇〇億元（約一兆四八五〇億円）に上っていたとのこと。これが当局によって没収されました。

周永康は神妙な態度で判決を受け入れ、「上訴（控訴）しません」と述べて、判決が確定しました。

裁判の過程は非公開で、どのようなやりとりがあったか、まったくうかがい知ることのできないものでした。

軍部への汚職捜査も

これまで犯罪捜査のタブーだったのは元政治局委員だけではありません。人民解放軍幹部も捜査・摘発の対象外でした。前述のように毛沢東の有名な言葉に「権力は銃口から生まれる」というのがあります。銃口つまり軍事力があってこそ、革命は成功する。中国共産党による革命は、人民解放軍の存在があってこそ、というわけです。

そんな共産党の屋台骨を支える解放軍に汚職があってはいけません。汚職が蔓延していても、捜査することはタブーだったのです。

このタブーに守られ、人民解放軍の汚職も目に余るものでした。軍の中で昇進するためには、上司への賄賂が不可欠。将軍のポストが売買されていたのです。

また、架空の訓練をしたことにして費用を浮かせたり、将軍用の高級乗用車を購入したりと、こちらもやりたい放題でした。

しかし、習近平は、このタブーにも切り込みました。二〇一四年三月、徐才厚《じょさいこう》・前中央軍事委員会副主席に対しても、汚職容疑で取り調べを行うことを決定したのです。徐は、人民解放軍の中心的人物で、軍の最高位である中央軍事委員会副主席まで上り詰めていました。

共産党の中央軍事委員会主席は、共産党総書記が兼務するポスト。軍の総司令官ですが、共産党総書記はプロの軍人ではありませんから、軍事の知識に詳しいわけではありません。そこで、軍出身者が補佐します。それが副主席。つまり軍人としては最高位だったのです。

摘発を受けた後、徐は二〇一五年三月に病死しています。癌で重病だったにもかかわらず、厳しい取り調べを受けたと伝えられています。

さらに同じく中央軍事委員会副主席の座にあった郭伯雄《かくはくゆう》も二〇一五年七月に党籍を剥奪されています。胡錦濤政権下で人民解放軍のトップにあった人物でした。このほか、元人民解放軍総後勤部副部長だった谷俊山《こくしゅんざん》も二〇一二年に解任され、二〇一五年八月に死刑判決を受けています。

人民解放軍総後勤部とは、軍の物資の配給や施設・土地の管理部門を担当します。汚職の誘惑の多い職位でした。

谷は、かつての最高実力者の江沢民に近い人物でしたが、死刑判決を受けたのです。汚職事件で死刑とは、日本では考えられませんが、中国では見せしめのために、こういう判決も出るのです。

「贅沢《ぜいたく》禁止令」で経済冷え込み

習近平は、汚職の摘発ばかりでなく、贅沢禁止令を出して、官僚たちの浪費も取り締まっています。日本でもかつて問題になった「官官接待」がそれです。官僚同士が、相手を接待し合うのです。これまでの中国の接待の贅沢ぶりは、常軌を逸したものがありました。日本の企業が中国の地方に進出しようとすると、地方の役人たちから接待を要求されたり、あるいは中国の役人たちが豪華な接待の場を設けたりしてきました。

そうした場に縁のない庶民にしてみれば、腹の立つこと。「庶民の味方」の評価を得たい習近平は、贅沢追放を徹底します。

この結果、各地の高級レストランや高級ナイトクラブが経営不振に陥って閉店を余儀なくされたり、高級酒の茅台《マオタイ》酒の売り上げが激減したり、という影響が出るようになります。

さらに、全国の地方政府が外国製高級車を一斉に売りに出すという光景が見られました。幹部が高級車に乗っていると、すぐに密告されるようになったからです。

こうした贅沢禁止令は、経済にはデフレ効果をもたらします。ただでさえ経済成長率が落ち込んでいる中国の経済界には不満が鬱積していますが、「正義の味方」習近平の方針に異議申し立てをできるはずもないのです。

中央全面深化改革領導小組を設置

習近平は、自らの権力を盤石なものにするため、さらに手を打っています。一つは、共産党の内部に「中央全面深化改革領(指)導小組」を設置したことです。

「領導小組」とは、わかりにくい概念ですが、要するに組織の垣根を越えたワーキンググループです。扱う分野は「政治」「経済」「社会」「文化」「環境」の五分野です。つまり、ほぼすべての分野について、改革を進めるということです。

これまで、こうした分野の改革に関しては、国務院つまり内閣の担当でした。内閣のトップは李克強。ということは、習近平は、新たなワーキンググループを設置することで、李克強首相の権力を奪ってしまったのです。

前任者の胡錦濤国家主席と温家宝首相は、仕事を役割分担してきましたが、習近平は、内閣の仕事を、内閣より上位に位置する共産党の担当に移すことで、李克強の仕事を奪取。絶対的な権力を掌握したのです。これこそ、「習近平は現代の毛沢東をめざしている」と指摘されるゆえんです。

中央国家安全委員会を新設

さらに習近平の権力の源泉となる、もう一つの組織を二〇一四年一月に発足させました。治安維持と安全保障を統括する「中央国家安全委員会」です。習近平は、この主席に就任しました。こちらは、共産党内の組織ではなく、「国家」つまり内閣の側の組織です。

これは、国内の秘密警察である国家安全部や人民武装警察部隊、人民解放軍総参謀部（軍のスパイ組織）などを結集した巨大な権力組織です。内閣の組織なら、李克強首相がトップに就任すればいいもの。それを、自らがトップに就任したのですから、ここでも圧倒的な差をつけました。

そもそも共産党総書記なら人民解放軍の最高司令官ですから、それで十分なはずなのに、あえて国家安全委員会を設立する。つまり、それだけ国内の治安維持に力を入れなければならない状態になっているということなのです。

共産党独裁下で、国民の不満は鬱積しています。自分たちの代表を自分たちの選挙で選ぶという不満解消の「ガス抜き」の仕組みがないため、蓄積された不満は、あるとき突然大爆発を起こします。それが、全国で年間二〇万件も発生しているといわれる暴動です。

この暴動を抑える治安組織のトップになれば、中国国内のあらゆる情報が、一元的に自分の元に集まってきます。情報こそ権力の源泉。かくして、習近平の独裁者への道が開けたのです。

大学での「七不講」

独裁者になるには、思想の引き締め、弾圧がつきものです。中国共産党は二〇一三年、一部の大学に対して、「七不講」と呼ばれる「議論してはいけない七つのテーマ」を指示しました。大学で何を教え、何を教えてはいけないかを指示する。これも共産党の権力なのです。このテーマを見ると、中国共産党が何を恐れているかが浮き彫りになります。それは、以下の七つです。

1 人類の普遍的価値
2 報道の自由
3 公民社会
4 公民の権利
5 党の歴史的錯誤
6 特権資産階級
7 司法の独立

人類の普遍的価値について議論してはいけない。報道の自由について語るな。公民の権利（国民の権利）を考えてはいけない。司法の独立などありえない。

これが、いまの中国なのです。

また、二〇一四年六月には、記者の資格制度の厳格化を打ち出しました。「正しく世論を導く」ことができるように、「記者の資格」を定める。全国的に御用記者を育成するというわけです。「ウォールストリートジャーナル」の記事を紹介したように、新聞紙面に「習近平」の文字が氾濫しようというものです。

「中国の夢」を語るが

習近平は、しきりに「中国の夢」を語ります。「中華民族の偉大なる復興」という表現も使います。自らの民族のことを「偉大」と言い出すと、危険信号が灯《とも》ります。世界は、ヒトラーのナチスを想起するからです。

それはまた、覇権主義につながります。このところの南シナ海での中国の傍若無人な振る舞いを見るにつけ、独裁者が率いる独裁国家の危険性を感じざるを得ません。

一三億の民を率いる習近平の目に映っているものは何なのか。知りたいものです。

第五章

独裁者化する
レジェップ・タイイップ・エルドアン

写真：Abaca/アフロ

二〇一五年一二月二五日、トルコ最大の都市イスタンブールで、エルドアン大統領が、自殺しようとしていた男性を助けたというニュースが流れました。

トルコの国営テレビによると、イスラム教の金曜礼拝を終えた大統領が車でボスポラス海峡にかかる橋を走行中、飛び降り自殺をしようとしている男性を発見。大統領警護隊が男性を確保し、大統領が説得。自殺を思い留まらせた、というのです。

さすがは大統領、などと国民が思ってくれることを期待したのでしょうね。

実はこの男性、家庭の問題を抱えていた、というのです。

独裁者というのは、えてして「国民を守る指導者」というイメージで人気回復を図ろうとするもの。国民のことを常に気にかけている、という象徴的なエピソードが欲しくなります。どう見ても、この一件は、怪しいですね。トルコのエルドアン大統領の独裁者化を、図らずも示した出来事と言えるのではないでしょうか。

独裁者化するエルドアン

独裁者エルドアン。それを印象づける出来事が、二〇一四年に大統領官邸が完成したニュースです。なんと部屋数一一五〇室で、建造費は六億一五〇〇万ドル（日本円で約七二〇億円）という突拍子もない建物なのです。

一一世紀から一二世紀にかけて強大な勢力を誇ったセルジューク朝の様式美を生かした現代建築で、大統領執務室や家族の居室はもちろん、軍事攻撃に耐えられる避難壕《ごう》や盗聴防止装置つきの特別室もあります。

そもそもこの建物は、エルドアンが首相時代、首相官邸として計画されましたが、エルドアンが首相から大統領に就任した途端、大統領官邸になってしまった、というものなのです。

首都アンカラ郊外の丘の上に建てられた官邸は「白い宮殿」と呼ばれています。まさに白亜の王宮。敷地面積は東京ドーム四個分。アメリカのホワイトハウスより大きいというのです。

エルドアン大統領は、ここで国賓を迎えます。そこを警備するのは、甲冑《かっちゅう》をまとい、槍《やり》を携えた男たち。中世の騎士を想起させますが、これが正規の護衛なのです。

これだけではありません。大統領専用機も新しくなり、イスタンブールの宮殿やエーゲ海のゲストハウスも大規模な修復が行われます。

政権批判は弾圧

なんだかスルタン（皇帝）のようですが、国内政治においても、スルタンを思わせる振る舞いです。政権批判を許さないのです。

たとえば、トルコ軍が国内南東部で実施しているクルド系非合法武装組織「クルディスタン労働者党」（ＰＫＫ）に対する掃討作戦。この作戦によって、大勢の一般住民が巻き添えになっているとして、二〇一六年一月、トルコの八九の大学の教授らが、作戦の即時停止を求める声明を出しました。

すると、即時に行動を起こしたのは捜査当局。声明に署名した学者ら約三〇人を「テロを扇動している」として拘束したというのです（「朝日新聞」一月二五日付朝刊）。

このやり方をめぐって最大野党の党首がエルドアン大統領を「粗悪な独裁者」と評したところ、検察が「大統領侮辱罪」で捜査を始めたそうです。

実は過去にも、私がトルコで会った新聞社の編集幹部やコラムニストたちが、政権を批判して逮捕されたり、政府の圧力を受けた新聞社から解雇されたり、という事態が起きています。

中にはツイッターで政権批判をつぶやいただけで身柄を拘束された人もいるのです。エルドアン大統領は、自らの政権批判の情報が流れるツイッターに苛立《いらだ》ちを見せ、政府がウェブサイトを遮断したり、個人のインターネット閲覧記録を収集したりすることを認める法律も成立させています。

私たちはトルコというと、親日で中東では数少ない民主主義国のイメージがあります。トルコと日本との友好関係は、一八九〇年にさかのぼります。オスマン帝国から派遣された軍艦エルトゥールル号が、帰路、紀伊半島の串本《くしもと》沖で台風に遭い、沈没したのです。

この事故で乗組員五八〇余人が死亡しましたが、地元の人たちの懸命の救助活動により、六九人を救助。日本の巡洋艦でトルコに送り届けられました。この史実はトルコの教科書に掲載されたこともあり、多くのトルコ人が知っていることです。

一九八五年、イラン・イラク戦争の中、イランのテヘランで孤立した日本人を救出するため、トルコ政府はトルコ航空の特別機を派遣しました。このとき日本側が感謝の言葉を述べると、トルコ側からは「エルトゥールル号のお礼です」との返事が返ってきました。両国の友好関係を象徴する出来事です。

トルコを訪問した日本人は、異口同音にトルコ人の親日ぶりを称賛します。そんなトルコが、いま大きく変質しつつあるのです。その動向が世界中から注視されるまでになったエルドアン大統領は、何をめざしているのか。まずは、経歴から見ることにしましょう。

イスラム賛美で投獄の過去も

レジェップ・タイイップ・エルドアンは、一九五四年二月、イスタンブールで生まれました。一九七三年、イマーム・ハティプ校（宗教指導者養成学校）を卒業後、マルマラ大学経済商学部に入学し、政治活動を始めています。

「イマーム」とは、イスラム教のスンニ派とシーア派では意味が異なるのですが、トルコはスンニ派が多数派。この場合のイマームは導師。集団礼拝などのときに信者を先導する役割です。エルドアンが、イスラム教の敬虔《けいけん》な信者として教育されたことがわかります。

彼は在学中からイスラム主義政党である国民救済党で活動を始めます。一九八三年にその後継政党である福祉党が結成されると、政治活動を本格化させました。

一九九四年にはイスタンブール市長に当選しますが、一九九七年、政治集会でイスラム賛美の詩を朗読します。

「モスクは我が兵舎、ドームは我がヘルメット、ミナレットは我が銃剣」

なんとも好戦的な内容です。これが大問題になりました。というのも、トルコは政教分離を貫いてきたからです。

市長という公職にある者が公の場でイスラム賛美の詩を朗読することは、政教分離に違反すること。エルドアンは裁判にかけられ、四年六カ月の実刑判決が確定。被選挙権も剥奪されました。当時は政教分離がいかに厳格に守られていたかがわかります。

トルコ国民のほとんどはイスラム教徒ですが、憲法に政教分離が明記されています。中東ではイスラム教を国教と定めている国もありますが、トルコは建国以来、政教分離を貫いてきたのです。これは、トルコ建国の父ムスタファ・ケマル・アタチュルクが打ち出した方針でした。

イスラムの帝国から世俗主義の共和国に

トルコといえば、かつてはイスラムの帝国であるオスマン帝国が広範な地域を支配していましたが、第一次世界大戦でイギリスやフランスに敗れ、瓦解します。

そこで立ち上がったのが、ムスタファ・ケマル。オスマン帝国軍の将軍でしたが、帝国崩壊の危機にあって、トルコ共和国を建国。一九二三年、初代大統領に就任します。

オスマン帝国時代、スルタンはカリフを兼ねていました。カリフとは、イスラム教の預言者ムハンマドの後継者を意味します。全世界のイスラム教徒の指導者という役割です（スン二派の場合。シーア派はこれを認めない）。オスマン帝国崩壊に伴い、一九二四年、ケマルはカリフ制を廃止します。

ケマルは、オスマン帝国の崩壊を目の当たりにして、欧米のような近代国家の建設をめざしたのです。そのためには、少なくとも政治の世界での脱イスラムが必要だと考えました。

一九二八年には憲法からイスラム教を国教と定める条文を削除。さらに、それまでアラビア文字で表記していたトルコ語を、ラテン文字使用に切り替えたのです。これは、実に大胆な改革でした。それまでアラビア文字で右から左へと書いていた文章を、アルファベットで左から右へと書くようにしたのですから。これにより、一時的にトルコ国民の識字率が激減しましたが、その後はむしろ識字率がアラビア文字使用時代より上昇しました。

一九三四年には西欧風に国民全員が姓を持つことが義務づけられました。「トルコの父」を意味するアタチュルクは、このとき議会から与えられた姓です。

アタチュルクは一九三八年、執務室のあったイスタンブールの宮殿で死亡しました。死因は肝硬変。過度の飲酒が原因とみられています。イスラム教徒ながら、酒を飲んでいたのです。建国の父が酒好きなのですから、トルコではイスラム教徒が圧倒的多数にもかかわらず、おおっぴらに飲酒する人も多いのです。

アタチュルクが築いた政治路線は「ケマル主義」と呼ばれます。もともと軍人だったアタチュルクの方針を最も忠実に守ってきたのは、軍部でした。政教分離の担い手・監視役を自認し、政治家がイスラム主義的な言動をとると、軍が介入。過去に二度も政変が起きていますが、国際的な非難を浴びたため、現在では軍部の政治介入の可能性は薄くなったとされています。

ちなみに、イスタンブールの国際空港には「アタチュルク空港」の名が冠せられ、トルコの紙幣にはすべてアタチュルクの肖像が印刷されています。

エルドアン、政治活動再開

エルドアンが属していた政党である福祉党は、イスラム主義の色彩が濃く、政教分離に反するとして、一九九八年に非合法化されました。党員たちは、美徳党を結成。これも政教分離に反するとして解党させられると、後継政党として公正発展党（ＡＫＰ）が結成され、一九九九年に釈放されていたエルドアンは、二〇〇一年、被選挙権を剝奪されたまま党首に就任します。エルドアンが、いかに力を持っていたかがわかります。

公正発展党は、二〇〇二年に行われた総選挙でイスラム色を抑え、中道右派の政治路線を打ち出して、圧勝します。

このときエルドアンは、まだ被選挙権を回復していませんでした。エルドアン党首が被選挙権を回復して議会の補欠選挙に当選し、首相に就任できたのは翌二〇〇三年のことでした。

トルコ、経済が発展

軍部からはイスラム主義者として警戒されていたエルドアンですが、首相に就任すると、経済の構造改革に取り組み、財政を健全化してインフレを抑え込みます。国内政治が安定したことで、国外からの投資も進み、高度経済成長を実現。国民一人当たりの所得は、二〇〇二年から二〇一三年までに三倍に増加しました。

また、二〇〇五年にはＥＵ（欧州連合）との間で加盟交渉を始めます。トルコはボスポラス海峡を挟んで、東側がアジア、西側がヨーロッパという、東西の架け橋という呼び名にぴったりな位置にありますが、多くのトルコ人が、自分たちはヨーロッパに属すると考え、ＥＵ加盟が悲願となってきました。

しかし、ＥＵはキリスト教圏の同盟。イスラム教徒の多いトルコの加盟には否定的な感情を持つ人が多いのも事実です。このため、ＥＵは加盟に必要な条件を次々に提示して、それをクリアできなければ加盟を認めない、という対応を取っています。

イスラエル批判で人気高まる

エルドアンの存在感が中東地域で高まったのは、二〇〇九年一月のダボス会議でした。

ダボス会議とは、世界経済フォーラムというスイスのジュネーブに本部のある財団が、毎年一月にスイスのリゾート地ダボスで開催するもので、世界各地から二五〇〇人もの政治家や財界人などが集まります。

この会議で、当時イスラエルがパレスチナ自治区のガザ地区へ侵攻したことについて、イスラエルのシモン・ペレス大統領が正当性を主張すると、エルドアン首相は、「人殺しをしているのはイスラエルだ」などと激しく批判して会場から立ち去ったのです。

これにアラブ諸国やパレスチナ人たちは喝采を送ります。エルドアンは、一躍アラブ世界にとっての英雄になるのです。

さらに二〇一〇年には、イスラエルによって封鎖されているガザ地区に支援物資を運ぶ船が地中海でイスラエル軍特殊部隊に襲撃される事件が起きます。これにより支援組織のトルコ人に死傷者が出ると、エルドアンはイスラエルを激しく非難。反イスラエル陣営で一段と評価を高めたのです。

この事件に関しては、二〇一三年になってイスラエルのネタニヤフ首相が謝罪。その後は、イスラエルとの関係改善に動き出しています。現実主義者として、経済的にイスラエルとの関係強化を図ろうとしているのです。

首相から大統領へ

トルコは、議会民主制で、国民から選挙で選ばれた国会議員の中から首相が選ばれ、政治的実権を握ります。一方、国家元首としての大統領は、議会から選ばれ、行政権を持たなかったため、政治的実権は明確ではありませんでした。

しかし、エルドアンは、より高い地位をめざします。二〇〇七年に大統領を国民の直接選挙で選ぶように憲法が改正されたことを受け、二〇一四年に立候補。同年八月、大統領に就任しました。首相には、エルドアンに従順なアフメト・ダウトオールが就任し、エルドアンは大統領になっても、実質的に政治の実権を握ります。

首相から大統領になり、首相には自分に忠実な人物を据える。ロシアのプーチン大統領と同じことをしたのです。

さらにエルドアン大統領は、憲法を変え、大統領に政治権力を集中させようとしています。二〇一五年六月には総選挙を実施。エルドアンは、ここで公正発展党を勝利させ、憲法改正へと進もうとしたのですが、思わぬ敗北。公正発展党は過半数を確保できませんでした。

しかし、同年一一月に再選挙を実施、公正発展党は、再び過半数を確保しました。いよいよ憲法改正に進もうとしています。もし実現すれば、まさにスルタン・エルドアンの誕生です。

ロシアのプーチン大統領が、かつてのロシア帝国への郷愁に駆られ、中国の習近平国家主席が、明の時代に憧れるように、エルドアン大統領は、強大なイスラム帝国だったオスマン帝国の再興を夢見ているのです。

事実、最近のトルコはイスラム化が進んでいます。政教分離の原則から、女性は公の場所でイスラムのシンボルであるスカーフを着用することが禁じられているのですが、エルドアン大統領の夫人は、いつもスカーフを着用しています。政教分離の原則がなし崩しになりつつあります。

また、夜間の酒の販売も禁じられました。いまは夜間に限ってのことですが、いずれは酒類の販売が一切禁じられることになるのではないかと心配する人たちも多いのです。

反アサドの立場からＩＳを容認

国際社会からトルコが懸念の目で見られるようになったのは、二〇一〇年以降に始まった「アラブの春」の後です。トルコの隣国シリアのバッシャール・アル＝アサド大統領の独裁に反対する民主化運動が起きると、アサド政権はこれを弾圧。内戦状態となりました。

アサド政権はイスラム教シーア派系（アラウィー派）で、同じシーア派のイランが支援。さらにシリア領内に基地を持ちアサド政権と友好関係にあるロシアもアサド政権を支えています。

一方、エルドアン大統領はアサド大統領が大嫌い。アサド政権を打倒するため、イスラム教スンニ派の反政府勢力を支援しました。反政府勢力の中には、イスラム過激派の自称「イスラム国」（ＩＳ）もいますが、トルコはＩＳの行動を黙認しているとしか思えない行動を取ってきました。

世界各地の過激な若者がシリアのＩＳをめざして集まる際は、トルコとの国境を越えなければなりません。トルコは、この国境管理をおざなりにしか実施せず、過激派が国境を越えるのを黙認してきたのです。

また、ＩＳが資金源にしている原油の密輸出も、トルコとの国境で行われています。トルコ政府が本気になれば、ＩＳの封じ込めは可能なはず。しかし、それを実行しようとしていないのです。

ロシアと緊張関係に

そんなトルコが、北の大国ロシアと対決姿勢を見せるようになりました。きっかけは、二〇一五年一一月、ロシア軍機が領空侵犯したとして、トルコ軍が撃墜したことです。

エジプトのシナイ半島上空でロシアの民間航空機がＩＳによって空中爆破されて以来、プーチン大統領はシリア国内でＩＳを狙って空爆を開始していました。その際、ロシア軍機がトルコ領の上空を飛行したとして、トルコ軍は強硬手段に出たのです。

この背景には、トルコが一九五二年からNATO（北大西洋条約機構）に加盟しているという事情も大きいでしょう。NATOは集団的自衛権を行使する組織。加盟国に対する侵略行為があった場合、一致して対処する仕組みになっています。トルコとしては、何かあったらNATOが助けてくれるという安心感があればこそ、ロシアとの対立の道を踏み出したのでしょう。

考えてみると、ロシアは伝統的に不凍港（冬でも凍らない港）を求めて南下することが多く、トルコにとって脅威でした。この歴史的記憶が呼び覚まされたのでしょうか。

ロシア帝国とオスマン帝国の対立といえば、一九世紀にクリミア半島を舞台にしたクリミア戦争があります。トルコにとって、ロシアは長らく仮想敵国でした。トルコが親日なのは、日露戦争で日本がロシアを打ち破ってくれた、という思いもあるのです。

そして、安倍晋三首相とは日本とトルコの合作映画を一緒に並んで鑑賞するなど、なぜかウマが合うエルドアン大統領。これから、どこに進もうとしているのか。オスマン帝国の再興をめざすイスラム教徒の指導者の進路が気になります。

第六章

イランの「最高指導者」アリー・ハメネイ

写真：www.khamenei.ir/ロイター／アフロ

このところの原油価格の下落は、世界経済を大きく揺らしています。本来、原油価格が下がれば、燃料代が安くなり、経済にはプラス効果のはずですが、石油産業が苦境に立たされ、産油国経済も打撃を受けたことで、世界的な信用不安が拡大。株価や外国為替が不安定な値動きをしているのです。

原油価格が下落した大きな理由は、アメリカで生産が進むシェールオイルによって世界的に原油が余っているからです。そこに追い打ちをかけたのが、イランへの経済制裁が解除され、原油の輸出が認められたことです。イランが大量の原油を輸出すれば、需給が一段と緩み、原油価格が下がるだろう。その思惑から、実際に価格が下がっているのです。イランが国際マーケットに帰ってきた。それが世界を揺るがしています。

イランの核開発疑惑

イランは二〇〇二年に、密《ひそ》かに核開発を進めていたという疑惑が表面化しました。イランは「核開発ではなく核の平和利用である」と言い張り、強硬派のアフマディネジャド大統領の時代、ウラン濃縮を続けていました。

しかし、二〇一三年八月、穏健派のロウハニ大統領が誕生すると、イランはアメリカなどと交渉を始め、二〇一五年七月、核開発の大幅な制限で合意しました。核開発断念ではありません。あくまで「制限」です。核開発の継続を欧米側が条件付きで認めたことになりますが、大統領在任中に実績をつくりたいアメリカのオバマ大統領としては、これで手を打ったのです。

イランが核開発を制限したことで、アメリカをはじめとする欧米諸国はイランに対する経済制裁を、二〇一六年一月に解除しました。

これを待ち望んでいたのが世界各国の経済界。イランに経済進出する企業もあれば、原油の購入計画をまとめる企業も出て、世界の目はイランに集まっています。

一方、脅威を感じたのが、同じく中東の大国サウジアラビアです。二〇一六年一月には、新年早々、イスラム教シーア派の高位聖職者ニムル師を処刑。今度はこれに怒ったイランの群衆が、首都テヘランにあるサウジアラビア大使館を襲撃。サウジはこれを非難し、国交を断絶したのです。

中東の二大国家の関係悪化は新たな中東戦争につながるという危機感を募らせることになりました。この背景には、サウジの〝嫉妬〟があります。第二次世界大戦後、サウジアラビアはアラブの中にあって親米国家でした。アメリカはサウジから大量の石油を安定的に購入し、サウジは手に入れた莫大なドルの一部でアメリカ製の最新兵器を買うという関係でした。

ところが、アメリカ国内で大量のシェールオイルを産出するようになると、アメリカにとってサウジの重要性が相対的に低下します。アメリカにとって、サウジはもはや必要不可欠な国ではなくなったのです。

アメリカのオバマ政権としては、イランとの関係も改善し、中東地域を安定させたい。そんな思惑があってイランに急接近。サウジにすれば、アメリカをイランに奪われた思いがあります。アメリカに振り向いてもらいたい。そのためにはイランとの関係を緊張させ、「どちらを選ぶか」とアメリカに迫る。そんな三角関係が見えてしまいます。

イランの「最高指導者」

アメリカの思惑を見て、欧米との関係強化に動いているのがイランです。このところのイランの動きは、完全にサウジの上を（前を？）行っています。そんなイランという国家の舵取《かじと》りをしているのが、最高指導者セイエド・アリー・ホセイニ・ハメネイ師です。原音に忠実に表記すればハーメネイー師です。二〇一六年七月に七七歳になります。師とは、イスラム法学者に対する敬称です。

イランは、国民の選挙で選ばれる大統領が存在する共和制国家ですが、大統領の上に、一般国民が選出に関与できない最高指導者が存在するのです。

イランの初代の最高指導者はルーホッラー・ホメイニー（ホメイニ）師。ハメネイ師はその後継者として一九八九年より現在の地位にいます。一度選ばれると終身制。死ぬまで最高指導者の地位に留まるのです。

シーア派国家イラン

なぜ、こんな存在が認められているのか。これは、イスラム教シーア派の中の「一二イマーム派」独特の理論にもとづくものなのです。

イスラム教には大別してスンニ派とシーア派が存在することはよく知られていますね。たとえばサウジアラビアなどアラブの多くの国ではスンニ派が多数ですが、イランはシーア派の国です。

そもそもは、イスラム教の創始者で預言者（神の言葉を預かった人）とされるムハンマドの後継者をどうするかという後継者争いから二つの派に分かれました。

ムハンマドは西暦六三二年に亡くなります。信徒たちは、ムハンマドの後継者・代理人（カリフ）を誰にするかで分裂します。

後継者は、ムハンマドの血筋を受け継ぐ者でなくてはならないと考える人たちは、ムハンマドの従弟でムハンマドの娘と結婚したアリー（アリー・イブン・アビー・ターリブ）こそがカリフにふさわしいと考えます。彼らは「アリーの党派」と呼ばれました。そのうちに彼らは単に「党派」（シーア）と呼ばれるようになります。つまり「シーア派」とは、厳密に言えば「党派・派」ということになります。ムスリム全体から見ると少数派です。

一方、血筋に関係なく話し合いで実力者を選出することを選択した多数派は、イスラムの慣習にもとづいた統治をすればいいと考え、「スンナ（慣習）派」と呼ばれるようになります。世界史の教科書では「スンナ」と記載されますが、日本のマスコミはなぜか「スンニ派」と表記するので、ここではこれに従います。

ムハンマド亡き後、三代続いて信徒たちの中の実力者がカリフに選出されますが、四代目になってようやくアリーがカリフに選ばれました。

しかし、アリーのことを快く思わないグループによって、アリーは暗殺されてしまいます。

これ以降、アリーの党派は、アリーの後継者として選ばれたカリフを認めません。それどころか、アリーより前に選出された三人のカリフも正統なカリフと認めませんでした。

ここに至ってアリーの党派は、カリフという地位を認めず、代わって「イマーム」と呼ぶ人物を指導者に仰ぐようになりました。イマームとは、ムハンマドの血筋を引き、イスラム世界の指導者としての資質を持つ人という意味です。シーア派独特の地位です。

ただ、スンニ派でもイマームと呼ばれる人がいるのでややこしいのですが、こちらは単に集団礼拝のときの導師のことを指し、また高位のイスラム法学者や宗教的指導者に用いられることもあります。

アリーの党派にとって初代のイマームは、もちろんアリーです。アリーが暗殺された後は、アリーの長男が二代目イマームに、アリーの次男が三代目イマームに就任。以後、三代目イマームの子孫が、四代目、五代目と引き継いでいきます。

ところが、困ったことが起きました。西暦八七四年、一二代イマーム「ムハンマド・アルムンタザル」が突然姿を消してしまうのです。一二代イマームは八六八年生まれ。五歳で姿を消したとされています。

困惑した信徒たちは、一二代イマームが「神様によって隠された」のだと考えました。一二代イマームは、一時的に信徒たちの前から姿を隠しただけ。やがて世界の終わりが来たときには、救世主（マフディー）として出現し、人々を救済し、天国へと導いてくれると信じたのです。

イスラム教では、この世界にはやがて終わりが来て、人々は神（アッラー）の審判を受け、天国か地獄に振り分けられるとされています。このとき救世主が助けてくれれば、それこそ「救い」になるでしょう。シーア派の中でも、このように信じるグループは、「一二イマーム派」と呼ばれるようになりました。イラン国民の多くが、この派に属します。

このあたりの考え方は、キリスト教と似ていますね。キリスト教では、この世の終わりが来るとき、イエスが再臨し、人々を導いてくれると考えられているからです。

しかし問題は、一二代イマームが再臨するまで、誰が人々を指導するのか、ということです。これに関して独自の理論を打ち出したのが、一九七九年、イラン・イスラム革命を指導したシーア派のホメイニ師でした。

それまでのイランは、親米の国王のもとで近代化を進めましたが、貧富の格差が拡大し、反発するイスラム勢力による革命が成立して、国王は亡命します。

ホメイニ師は、隠れイマームが再臨するまでの間、イスラム法学者が宗教上の指導ばかりでなく、政治権力も掌握して統治すべきだと主張したのです。これが「イスラム法学者による統治」（ベラヤティ・ファギーフ）論です。

この世の終わりが来る直前まで、イスラム法学者が国を統治し続けるというのです。

イラン・イスラム革命とは

ホメイニ師が主導したイラン・イスラム革命は、アメリカの援助の下で独裁政治をしていた国王に対する革命です。

イランを統治していたパフラヴィー（パーレビ）国王は、東西冷戦の中でアメリカの援助を受け、脱イスラムの近代化政策を進めます。これは「白色革命」と呼ばれました。

強引な手法だったこともあり、イスラム勢力の反発を受けると、国王は秘密警察を使って弾圧しました。国王の統治を批判していたホメイニ師は国外追放になり、フランス・パリに亡命しました。一九七八年、ホメイニ師を中傷する新聞記事がイラン国内で出ると、宗教都市である聖地ゴムで暴動が発生します。ゴムは、ホメイニ師がイスラム神学を学んだ場所でもあり、ホメイニ師の弟子たちが大勢住んでいました。

暴動は次第に拡大し、ついに国王は翌年一月、国外に逃げ出します。二月、ホメイニ師がパリから凱旋《がいせん》。イスラム革命が成功し、四月には国民投票によって「イラン・イスラム共和国」の樹立を宣言しました。ホメイニ師が提唱した「イスラム法学者による統治」が始まったのです。

ホメイニ師は「大アヤトラ」という称号を持っていました。イスラム法学者の最高位です。大アヤトラの称号を持っている者こそが最高指導者にふさわしい、ということになるのです。

イラン・イスラム革命は、当初は民主革命として始まりましたが、途中でイスラム勢力が主導権を掌握。民主化を求める勢力やソ連寄りの共産勢力を粛清してイスラム国家を樹立させました。

専門家会議が最高指導者を選出

イラン・イスラム共和国は、国民が選挙で大統領を選出しますが、大統領選挙に立候補できる資格があるかどうかは、「監督者評議会」という宗教保守勢力が選別します。イスラム色が薄かったり、民主化志向だったりする人物は、そもそも大統領選挙に立候補できないのです。

そして、その監督者評議会のメンバーのうち、イスラム法学者六名は最高指導者が任命します。

では、最高指導者は、誰が任命するのか。それは「専門家会議」という組織であり、この専門家会議は国民が選挙で選出します。つまり、国民が間接選挙で最高指導者を選ぶという形式にはなっているのです。

ただし、専門家会議の選挙に立候補する人も、監督者評議会の審査を通らなければなりません。

要するに、最高指導者が選ぶメンバーによる審査を通った人たちが最高指導者を選ぶ。建前としては、専門家会議が最高指導者を罷免できることになっていますが、実際にはありえないのです。

国軍のほかに革命防衛隊も

最高指導者は三権の長の上に君臨します。また、実質的な国軍の最高司令官であると同時に、革命防衛隊の最高指揮官でもあります。この革命防衛隊という組織が、日本にいると理解しがたいかもしれません。これは、国軍のお目付け役なのです。

イラン・イスラム革命の最終段階では、国王の命令に国軍が従わず、国王が亡命するしかなくなりました。国軍は、一般国民が徴兵されて兵士になります。政治がうまくいかず、国民の生活が苦しくなれば、兵士たちは政府に対して不満を持ちます。その気分を将校が操れば、クーデターが可能になってしまいます。それを避けようとした革命政府は、イスラム原理主義的な志操堅固なメンバーで第二の軍隊である革命防衛隊を組織しました。もし国軍が逆らうようなことがあれば、革命防衛隊が、これを叩《たた》き潰す。政府を守る危機管理要員なのです。

ホメイニ師の後任に

一九八九年、ホメイニ師が死去すると、後継者の最高指導者として、ハメネイ師が選ばれました。当時ハメネイ師は、ホメイニ師の下で大統領を務め、ホメイニ師が高く能力を買っていたからです。

ただし、当時のハメネイ師は、ホメイニ師ほど高位の聖職者ではなかったため、急遽《きゅうきょ》、高位に昇格させるとともに、憲法を改正して、最高位ではないハメネイ師でも最高指導者になれるようにする、というドタバタ劇がありました。それでもホメイニ師のような大アヤトラの称号までは持てませんでした。

ハメネイ師の心中はわかりませんが、ホメイニ師へのコンプレックスを抱いたかもしれません。

ホメイニ師に師事

ハメネイ師は一九三九年七月にイランのマシュハドという町に生まれました。彼の父親はアゼルバイジャン系の聖職者であり、母親も高位の聖職者の娘でした。

若きハメネイは、マシュハドの神学校でイスラム教を学びます。イスラム教の勉強のためにはアラビア語の『コーラン（クルアーン）』が読めなければなりません。イランはペルシャ語ですが、ここでアラビア語も習得しました。

ちなみに、アラビア語もペルシャ語も右から左に書きます。ややこしいのですが、ペルシャ語はアラビア文字で表記されるのです。

一九五七年からしばらく、イラクのナジャフで神学を修めます。イスラム教シーア派の信者はイランのみならず、西隣のイラクの東半分に多く居住し、ナジャフにもレベルの高い神学校があるからです。

その後、イランの聖地ゴムに移り、ホメイニ師のもとでシーア派神学を学びます。

ゴムではホメイニ師の呼びかけで反国王の運動に加わりますが、弾圧され、しばしば投獄されています。

革命が成功すると、国防軍需次官や革命防衛隊長官などを歴任。ホメイニ師の片腕として信用され、一九八一年、大統領に選出され、八五年に再選されました。

価値体系の守護者

ハメネイ師は、どんな統治をしてきたのか。本人は、こう語っています。
「最高指導者の責務は、価値体系（イスラーム共和体制）の管理（維持）である。その実施・運営上の責任者は三権の長である。最高指導者はそうした責任者たちの活動を監督し、彼ら（三権の長）が体制の維持に必要な以上にまた許容された範囲を超えて行動しようとすれば、これを阻止することが責務である」（駒野欽一《きんいち》『変貌するイラン』）
現場の責任者に任せるところは任せ、ホメイニ師によって達成された革命の果実を守ることが自分の責務。こう考えているようです。

ハメネイ師の下で、過去にはアフマディネジャド大統領という強硬派が誕生するかと思えば、ロウハニ大統領のような穏健派も生まれる。そこには、なるべく責任者に任せようという意思が存在するのです。

しかし、最高指導者の許可なく大統領が勝手なことはできません。最近の核合意は、ハメネイ師の指示と支持によって達成されたことがわかります。

今後、イランは、どこへ進もうとしているのか。その動きの背後には、姿を隠したハメネイ師の思惑があるのです。

スンニ派との対決

サウジアラビアとの関係悪化で、シーア派国家の最高指導者としては、何をしようとしているのか。二〇一五年一二月二九日のイランラジオ（ＩＲＩＢ）のウェブサイトで、ハメネイ師の演説を次のように紹介しています。

「アメリカはイスラム教徒の間に対立を生じさせようとしており、その例はＩＳＩＳなどのテログループの創設であり、これらのグループはアメリカに属する国の資金と彼らの政治的支援によって誕生し、現在の悲劇をイスラム世界に生じさせた」としました。

ハメネイ師は、覇権主義戦線の主な目的は、イスラム教徒の間に内戦を引き起こし、シリア、イエメン、リビアなどのイスラム諸国のインフラを消滅させることだとし、「こうした陰謀に対して沈黙したり、屈したりすべきではない。そうではなく様々な陰謀に対して明敏さを持って抵抗を続けるべきだ」と語りました。

ここで言う「イスラム諸国のインフラ」とは、シーア派勢力の基盤を意味します。イランの最高指導者は、穏健派大統領による欧米諸国との関係改善への動きを容認しつつ、イスラム教シーア派の指導者としては、断固として戦うと宣言しているのです。

一見目立たないように見える最高指導者。目を離すわけにはいかないのです。

権力に魅入られた実力者たち――あとがきに代えて

世界を動かす実力者たち。その成長過程を見ることで、その人物が、なぜいまのような考えを持つに至ったかが浮き彫りになります。

たとえばロシアのウラジーミル・プーチンは、悲惨な歴史を持つレニングラード（サンクトペテルブルク）に生まれ育ったことが、「国家は強くなければならない」というトラウマになったのだろうと推測できます。

さらに彼は、東ドイツそしてソ連の消滅という、かつて自分が信じた社会主義の崩壊過程を目の当たりにしました。「二度と失敗は繰り返さない」という強い意志が、そのとき育まれたのでしょう。

アンゲラ・メルケルも、自国だった東ドイツの崩壊を経験しています。だからこそ、「ドイツは強くなければならない」という思いを持っているはずですが、ドイツは民主主義国家。きちんと民主的なプロセスを経なければ、自分の思いや主張は実現できないことを、よく知っています。

その経験の蓄積が、ＥＵを支える強大なドイツの指導者に仕立てたのです。しかし、中東からの難民受け入れと言う一大決断は、一時は世界から喝采を受けましたが、ドイツ国内からは批判を浴び、苦しい立場に追い込まれています。政治的指導者とは、まことに厳しい状況の中で行動しなければならないのです。

ヒラリー・クリントンは、幼少期から女性の立場が弱いことに憤りを持ち、それが彼女を突き動かしてきました。優秀な弁護士となり、アメリカのファーストレディーになるまでは順調な人生でしたが、夫のスキャンダルに苦しみ、大統領選挙では思わぬ伏兵であるバラク・オバマに行く手を遮られました。

この挫折が、いまのヒラリーを形成したのですが、二〇一六年二月以降、またまた伏兵のバーニー・サンダースの登場によって、苦しめられています。この苦境を、彼女はどのように克服していくのでしょうか。

今回取り上げた人物の中で、幼少期から将来を約束されていた人物は、中国の習近平だけです。

ところが、その習近平も、父親が失脚したことで、一時は塗炭の苦しみを味わいます。その挫折があったからこそ、いまの地位があるのでしょう。

しかし、最近の彼は、かつて自分の父親を苦しめた毛沢東そっくりの存在になりつつあります。歴史の皮肉を感じます。

レジェップ・タイイップ・エルドアンは、政治権力を掌握後、みるみる本性を現しつつあります。そこには、「かつての栄光よ再び」という思いがあるのでしょう。それが「オスマン帝国の再興」です。

ロシアも中国も、かつての栄光は失われました。過去の栄光を背負っている国の指導者は、その栄光を取り戻そうとする。エルドアン大統領は、その典型例だと言えるでしょう。

世界の政治指導者の中で、実像がはっきりしないのが、イランの最高指導者アリー・ハメネイです。強硬派のホメイニ師の後継者として、当初は目立たない存在でしたが、いまやイランを国際社会に復帰させる路線を承認。かつてのペルシャ帝国の復興を目指しているかのような方針を打ち出しています。

このように見てくると、世界を動かす実力者たちは、一筋縄ではいかない人物ばかりです。こういう指導者たちと、日本はどのように付き合っていけばいいのでしょうか。

でも、彼らだって人の子。その幼少期から辿《たど》っていけば、彼らの人となりはわかってきますし、どのような態度や行動に出るかも推測できるのです。

世界をよりよく理解するために、この本がお役に立てれば幸いです。

本書は、集英社のPR誌「青春と読書」の二〇一五年七月号から二〇一六年四月号に掲載した文章に、一部加筆・修正をしてまとめたものです。この形になるに当たって、集英社新書編集部の落合勝人さんにお世話になりました。

二〇一六年四月

ジャーナリスト・名城大学教授　池上彰

主要参考文献

第一章

江頭寛『ロシア　利権闘争の闇――迷走するプーチン政権』草思社、二〇一四年

木村汎『メドベージェフvsプーチン――ロシアの近代化は可能か』藤原書店、二〇一二年

木村汎『プーチン――人間的考察』藤原書店、二〇一五年

中村逸郎『ろくでなしのロシア――プーチンとロシア正教』講談社、二〇一三年

マーシャ・ゲッセン著、松宮克昌訳『そいつを黙らせろ――プーチンの極秘指令』柏書房、二〇一三年

ナタリア・ゲヴォルクヤン、ナタリア・チマコワ、アンドレイ・コレスニコフ著、高橋則明訳『プーチン、自らを語る』扶桑社、二〇〇〇年

ロデリック・ライン、ストローブ・タルボット、渡邊幸治著、長縄忠訳『プーチンのロシア――21世紀を左右する地政学リスク』日本経済新聞社、二〇〇六年

第二章

エマニュエル・トッド著、堀茂樹訳『「ドイツ帝国」が世界を破滅させる――日本人への警告』文春新書、二〇一五年

熊谷徹『なぜメルケルは「転向」したのか――ドイツ原子力四〇年戦争の真実』日経BP社、二〇一二年

トニー・ブレア著、石塚雅彦訳『ブレア回顧録（上下）』日本経済新聞出版社、二〇一一年

浜本隆志、髙橋憲編著『現代ドイツを知るための62章』明石書店、二〇一三年
森井裕一『現代ドイツの外交と政治』信山社出版、二〇〇八年
ラルフ・ボルマン著、村瀬民子訳『強い国家の作り方――欧州に君臨する女帝メルケルの世界戦略』ビジネス社、二〇一四年

第三章

阿川尚之『憲法で読むアメリカ史（全）』ちくま学芸文庫、二〇一三年
越智道雄『ヒラリー・クリントン――運命の大統領』朝日新書、二〇一五年
ヒラリー・ロダム・クリントン著、酒井洋子訳『リビング・ヒストリー――ヒラリー・ロダム・クリントン自伝（上下）』早川文庫NF、二〇〇七年
ヒラリー・ロダム・クリントン著、日本経済新聞社訳『困難な選択（上下）』日本経済新聞出版社、二〇一五年

第四章

天児慧『「中国共産党」論――習近平の野望と民主化のシナリオ』NHK出版新書、二〇一五年
遠藤誉『チャイナ・セブン――〈紅い皇帝〉習近平』朝日新聞出版、二〇一四年
津上俊哉『中国台頭の終焉』日経プレミアシリーズ、二〇一三年
富坂聰『習近平の闘い――中国共産党の転換期』角川新書、二〇一五年

中澤克二『習近平の権力闘争』日本経済新聞出版社、二〇一五年
福島香織『権力闘争がわかれば中国がわかる――反日も反腐敗も権力者の策謀』さくら舎、二〇一五年
峯村健司『十三億分の一の男――中国皇帝を巡る人類最大の権力闘争』小学館、二〇一五年

第五章

大村幸弘、永田雄三、内藤正典編著『トルコを知るための53章』明石書店、二〇一二年
佐々木良昭『これから50年、世界はトルコを中心に回る――トルコ大躍進7つの理由』プレジデント社、二〇一二年
鈴木董『オスマン帝国――イスラム世界の「柔らかい専制」』講談社現代新書、一九九二年
宮田律『中東イスラーム民族史――競合するアラブ、イラン、トルコ』中公新書、二〇〇六年

第六章

黒田賢治『イランにおける宗教と国家――現代シーア派の実相』ナカニシヤ出版、二〇一五年
駒野欽一『変貌するイラン――イスラーム共和国体制の思想と核疑惑問題』明石書店、二〇一四年
小山茂樹『ホメイニーからビン・ラーディンへ――〝アメリカvs.イスラーム〟米政策の破綻』第三書館、二〇一一年
吉村慎太郎『イラン現代史――従属と抵抗の１００年』有志舎、二〇一一年

関連年表

ウラジーミル・プーチン

一九五二年　一〇月七日、レニングラード（現サンクトペテルブルク）にて誕生。
一九六二年　10歳　このころ格闘技のサンボを習い始める（その後、柔道に転向）。
一九六八年　16歳　このころテレビ映画を見てスパイ＝KGBに憧れる。
　　　　　　その後、KGBレニングラード支部を訪ねる。
一九七〇年　18歳　レニングラード大学法学部に入学。四年生の時にKGB将校の接触を受ける。
一九七五年　23歳　KGBに就職。レニングラード支部に配属される。
一九八三年　31歳　客室乗務員のリュドミラと結婚（その後、二人の娘が生まれる）。
一九八五年　モスクワで研修を受けた後、東ドイツ、ドレスデンに配属。
一九九〇年　38歳　レニングラード大学の学長補佐官に就任。サプチャク教授と再会。
一九九一年　KGBを辞職する。
一九九二年　サンクトペテルブルク市長のサプチャクより副市長に任命される。
一九九六年　44歳　副市長を辞職。ロシア大統領府総務局次長に就任。
一九九七年　ロシア大統領府副長官兼監督総局長に就任。
一九九八年　七月、KGBの後身、ロシア連邦保安庁（FSB）の長官に就任。

一九九九年　八月、エリツィン大統領より第一副首相に任命。首相解任により一週間後、首相に就任。アパート連続爆破事件を機にロシア軍をチェチェンに送り込む。
一二月、エリツィンから大統領代行に指名される。

二〇〇〇年　48歳　三月、大統領選挙で当選し、五月に大統領就任。一二月、ソビエト時代の国歌を復活させる。

二〇〇三年　一〇月、石油会社ユコスのホドルコフスキー社長が脱税容疑などで逮捕される。

二〇〇四年　二期目の大統領選挙で圧勝。地方知事を直接選挙から大統領による任命制に改める。

二〇〇六年　一〇月、プーチン政権に批判的な新聞記者ポリトコフスカヤが何者かに射殺される。
一一月、元KGB、FSB職員で、プーチン政権を批判してイギリスに亡命していたリトビネンコが、何者かに毒（ポロニウム）を盛られて死亡。

二〇〇七年　55歳　八月、ロシア空軍が長距離戦略爆撃機による国外への常時警戒飛行を再開。
一二月、第一副首相のドミトリー・メドベージェフを大統領の後継者に指名。

二〇〇八年　三月、大統領選挙でメドベージェフが圧勝。五月、首相に指名される。

二〇一二年　60歳　三月、大統領選挙で勝利。北方領土問題について「引き分け」発言。

二〇一三年　六月、リュドミラと離婚したことを明かす。

二〇一四年　三月、ウクライナ領クリミア半島をロシアに編入する条約に署名。

二〇一五年　二月、野党指導者のボリス・ネムツォフがモスクワ市内で何者かに射殺される。

アンゲラ・メルケル

一九五四年　七月一七日、当時西ドイツだったハンブルクにて誕生。父親はポーランド系の牧師。母は英語・ラテン語の教師。生後数週間で、父の赴任に伴い家族で東ドイツに移住。

一九七三年　**19歳**　カールマルクス・ライプツィヒ大学に入学。物理学を専攻する。学生時代にドイツ社会主義統一党の下部組織、自由ドイツ青年団に所属。

一九七七年　**23歳**　同じ学部のウルリッヒ・メルケルと学生結婚（離婚・再婚後もメルケルを名乗る）。

一九七八年　科学アカデミーに就職。後の夫、ヨアヒム・ザウアーと出会う。

一九八六年　**32歳**　理学博士号取得。

一九八九年　一一月、ベルリンの壁が崩壊。「民主主義の出発」に参加。広報担当に就任する。

一九九〇年　八月、「民主主義の出発」が東ドイツのドイツキリスト教民主同盟（ＣＤＵ）と合流。一〇月、東西ドイツ統一。東ドイツのＣＤＵは西ドイツのＣＤＵに吸収され、メルケルも入党。一二月、連邦議会選挙に立候補し当選。

一九九一年　第四次コール政権の女性・青少年問題担当大臣に抜擢される。

一九九四年　**40歳**　第五次コール政権で環境・自然保護・原子力発電保安担当大臣に就任。

一九九八年　連邦議会選挙でコール政権が敗北。コールはＣＤＵの党首を辞任。メルケル、幹事長に就任。この年、ヨアヒムと結婚。

一九九九年　一一月、コール政権時代の闇献金が発覚。新聞に公開書簡を寄稿しコールを批判。

二〇〇〇年　**46歳**　二月、ＣＤＵのショイブレ党首が闇献金問題で辞任。四月、メルケルが党首に就任。

二〇〇五年　51歳　メルケル率いるCDU／CSU連合は、連邦議会選挙を僅差で勝利。大連立となりメルケルは歴代最年少で首相に就任。

二〇〇六年　サッカーのドイツワールドカップで、ドイツ代表の全試合をスタジアム観戦。

二〇〇八年　イスラエルを訪問し議会で演説。ユダヤ人への謝罪と反省を示す。

二〇〇九年　九月、CDU／CSUは総選挙で勝利し、連立相手のドイツ社会民主党は敗北。保守派の自由民主党と連立を組み直す。

二〇一〇年　国内一七基の原発の稼動年数を平均一二年間延長する長期エネルギー戦略を採択。

二〇一一年　57歳　三月、東電福島原発の事故を受け三カ月間の原子力モラトリアムを発動。五月、二〇二二年度までに国内の原子炉すべてを閉鎖する方針を表明。

二〇一三年　九月、連邦議会選挙。CDU／CSUは議席を伸ばすも過半数には届かず。ドイツ社会民主党と大連立を組む。

二〇一四年　60歳　サッカーのブラジルワールドカップ。ドイツ代表の初戦、決勝を現地で観戦。

二〇一五年　一月、ギリシャの総選挙で「反緊縮財政」を掲げる新政権が誕生。EUに債務の減免を要求。メルケルは強硬な態度で臨む。二月、ロシアのプーチン大統領を交えてのウクライナ内戦の和平交渉を推進。停戦に持ち込む。七月、ギリシャ議会で、緊縮財政を継続する法案が可決。欧米のメディアは「メルケルの勝利」と報じる。

ヒラリー・クリントン

一九四七年　一〇月二六日、シカゴで繊維製品の会社を営む家庭に生まれる。父は共和党支持者で、母は隠れ民主党支持者。

一九六四年　17歳　大統領選挙で共和党候補の運動員になる。結果は民主党・ジョンソンの勝利。

一九六五年　名門女子大、ウェルズリー大学に入学。一年生の時に共和党の青年組織、青年共和党の議長に選ばれるが、まもなく青年共和党をやめる。

一九六八年　大学三年生のとき、民主党左派のユージン・マッカーシー上院議員の反戦運動を応援。

一九六九年　学長に直談判し、ウェルズリー大学の卒業式で、同大学史上初めて総代としてスピーチを行い、反響を呼ぶ。エール大学ロースクールに進学。

一九七〇年　23歳　同スクールでビル・クリントンと出会う。

一九七三年　同スクールを卒業。法学博士号の学位を取得。

一九七四年　ウォーターゲート事件を受け下院司法委員会が組織した大統領弾劾調査団に参加。八月、ニクソンは辞任し、弾劾調査団は解散。ビルが住むアーカンソー州に移る。同地でビルとともにアーカンソー大学ロースクールの教壇に立つ。

一九七五年　28歳　ビルと結婚。

一九七六年　ビルがアーカンソー州の司法長官に選出され、州都リトルロックに移り住む。ローズ法律事務所に就職。

一九七八年　ビルが州知事に当選。ヒラリーは弁護士の仕事を続ける。

一九八〇年　33歳　娘のチェルシーを出産。ビルは二期目の知事選挙で落選。

一九八二年　州知事選挙でビルが当選。この選挙戦を機に結婚後も使っていたヒラリー・ロダムから、ヒラリー・ロダム・クリントンと名乗り、身なりに気を使うようになる。ビルの任期中、教育水準委員会の委員長を務める。

一九九二年　45歳　一一月、現職の共和党、ジョージ・H・W・ブッシュを破りビルが大統領に当選。

一九九三年　ビルが大統領に就任。ヒラリーは医療保険問題専門委員会の委員長に任命される。

一九九六年　ビルが大統領選で再選される。

一九九八年　七月、ホワイトハウス元実習生のモニカ・ルインスキーが、ビルとの関係を証言。八月、ビルは法廷証言とテレビ演説で「不適切な関係」を認め、国民に謝罪。一一月、中間選挙で共和党が議席を減らす。一二月、議会下院は大統領の弾劾を可決。

一九九九年　二月、議会上院で大統領弾劾に必要な三分の二の賛成が集まらず、弾劾は不成立。

二〇〇〇年　53歳　ニューヨーク州の上院議員選挙で当選を果たす。上院の軍事委員会に所属。

二〇〇七年　一月、大統領選挙への出馬を宣言。

二〇〇八年　六月、オバマとの差が開き、大統領選からの撤退を表明。

二〇〇九年　一月、オバマ政権の国務長官に就任。最初の訪問国は日本。

二〇一三年　66歳　二月、国務長官を一期で退任。

二〇一五年　四月、ウェブサイトで、次の大統領選挙の民主党候補者となるための運動開始を宣言。九月、国務長官時代の公務に私用メールを使っていたことを国民に謝罪。

習近平

一九五三年　六月一五日、北京にて誕生。
一九五六年　父・習仲勲、共産党の中央委員となる。
一九六二年　9歳　習仲勲、「反党集団」とされ党内外の全職務を解任。後に身柄を拘束される。
一九六九年　「反動派の息子の反動学生」とされ、一五歳で陝西省延安市延川県梁家河に下放される。
この地で生涯の友人・王岐山（現在、中央規律検査委員会のトップ）と出会う。
一九七四年　21歳　農村部でのメタンガス利用推進が評価され、共産党への入党が認められる。
一九七五年　下放が解かれ、北京の清華大学化学工程部に入学。
一九七八年　習仲勲、身柄を解放され政治的復権を果たす。
一九七九年　26歳　父の知人、共産党中央軍事委員会秘書長の耿飈の秘書となる。
一九八五年　32歳　厦門市副市長に就任。
一九八六年　人民解放軍所属で国民的人気歌手の彭麗媛と見合いをし、翌年に結婚。
二〇〇〇年　福建省の省長となる。
二〇〇二年　49歳　浙江省の共産党委員会書記に就任。
二〇〇六年　上海市トップの共産党委員会書記・陳良宇が汚職事件で罷免される。
二〇〇七年　陳良宇の後任として上海市共産党委員会書記に就任。江沢民人脈に連なる。
一〇月、共産党中央委員会総会で、政治局常務委員に選出される。
二〇〇八年　55歳　全国人民代表大会で国家副主席に選出される。

二〇〇九年　一二月、来日し、天皇と会見。
二〇一〇年　一〇月、共産党中央軍事委員会副主席に就任。
二〇一二年　一一月、共産党中央委員会総会で総書記と中央軍事委員会主席に選出される。
二〇一三年　60歳　三月、全国人民代表大会で国家主席に選出される。李克強を国務院総理に任命。
五月、共産党は、一部の大学に対して「七不講」（議論禁止の七項目）を指示。
一二月、共産党の内部に中央全面深化改革領導小組を設立。組長に就く。
二〇一四年　一月、内閣の組織として中央国家安全委員会が発足。主席に就任。
三月、徐才厚・前中央軍事委員会副主席を汚職容疑で取り調べることを決定（徐は二〇一五年三月に病死）。一二月、共産党中央政治局は、前政治局常務委員・周永康の党籍を剥奪し、身柄を司法機関に移すと決定。
二〇一五年　四月、周永康を収賄、職権乱用、国家機密漏洩の三つの罪で起訴、六月に無期懲役の判決が出る。七月、郭伯雄・前中央軍事委員会副主席の党籍を剥奪。八月、二〇一二年に解任された元人民解放軍総後勤部副部長・谷俊山に対し一審で死刑判決（執行猶予付き）。

レジェップ・タイイップ・エルドアン

一九五四年　二月二六日、イスタンブールにて誕生。
一九七三年　19歳　イスラム教の指導者を養成するイマーム・ハティプ校を卒業後、マルマラ大学経済商学部に入学。在学中にイスラム主義政党である国民救済党での活動を始める。
一九八三年　29歳　福祉党に入党して政治活動を本格化させる。
一九九四年　40歳　イスタンブール市長に当選。
一九九七年　一二月、政治集会でイスラム賛美の詩を朗読。政教分離に違反したとされ、告発される。
同月、福祉党の非合法化に備え、後継政党として美徳党が結成される。
一九九八年　一月、憲法裁判所の判決により福祉党が非合法化。
一九九九年　45歳　三月、エルドアンに四年六か月の実刑判決。被選挙権も剝奪される。九月、釈放。
二〇〇一年　六月、美徳党も非合法化。八月、後継政党として公正発展党（ＡＫＰ）が結成され、エルドアン、被選挙権を剝奪されたまま党首に就任。
二〇〇二年　総選挙で、公正発展党が宗教色を抑え、中道右派の政治路線を打ち出して圧勝。
二〇〇三年　49歳　三月、被選挙権を回復して議会の補欠選挙に当選し、首相に就任。
二〇〇五年　ＥＵとの間で加盟交渉を始める。
二〇〇九年　一月、ダボス会議で、イスラエルのガザ地区侵攻を批判し会場から立ち去る。
二〇一四年　60歳　大統領選挙に立候補。八月、大統領に就任。
この年、大統領官邸が完成。部屋数一一五〇室、建造費は六億一五〇〇万ドル。
二〇一五年　六月、総選挙を実施。憲法改正を狙うも過半数を確保できず敗北。一一月、再選挙を実施し、過半数を確保。同月、領空侵犯したとしてトルコ軍がロシア軍機を撃墜。
二〇一六年　一月、大学の教授らが、クルディスタン労働者党に対する掃討作戦の即時停止を求め声明を出すと、署名した学者ら約三〇人が拘束される。最大野党の党首がエルドアンを「粗悪な独裁者」と評すると、検察が「大統領侮辱罪」で捜査を開始。

アリー・ハメネイ

一九三九年　七月一六日、イラン・マシュハドにて誕生。父はアゼルバイジャン系の聖職者。初等教育を終えた後、マシュハドの神学校でイスラム教を学ぶ。

一九五七年　18歳　イラク・ナジャフで神学を修める。

一九五八年　イランの宗教都市・聖地ゴムに移り、ホメイニ師のもとでシーア派神学を学ぶ。その後、反国王の運動にも加わるが、弾圧され、しばしば投獄される。

一九七八年　一月、ホメイニ師を中傷する新聞記事がイラン国内で出ると、聖地ゴムで暴動が発生。その後、全国に拡大する。

一九七九年　一月、パフラヴィー（パーレビ）国王がエジプトに亡命。二月、ホメイニ師がパリから凱旋。四月、国民投票により「イラン・イスラム共和国」の樹立が宣言される。このイラン・イスラム革命後、ハメネイは国防軍需次官や革命防衛隊長官などを歴任する。

一九八一年　42歳　大統領に選出される。

一九八五年　46歳　大統領に再選。

一九八九年　50歳　ホメイニ師が死去。後継の最高指導者に選ばれる。

二〇〇二年　イランが密かに核開発を進めていたという疑惑が表面化する。
二〇〇五年　強硬派のアフマディネジャドが大統領に就任。
二〇〇六年　国連安全保障理事会がイランへの経済制裁を決議。
二〇一三年　穏健派のロウハニ大統領誕生。核開発問題をめぐりイランはアメリカなどと交渉を開始。
二〇一五年　76歳　七月、欧米側と核開発の大幅な制限で合意。
二〇一六年　一月、サウジアラビアでシーア派の高位聖職者ニムル師が処刑される。これに反発したイランの群衆が首都テヘランにあるサウジアラビア大使館を襲撃。サウジ政府はこれを非難し、国交を断絶。同月、各国のイランに対する経済制裁が解除。

※年表作成／編集部

池上 彰（いけがみ あきら）

一九五〇年、長野県生まれ。ジャーナリスト、名城大学教授、東京工業大学特命教授。七三年、慶應義塾大学卒業後、NHK入局。九四年から一一年間、「週刊こどもニュース」のお父さん役として活躍。二〇〇五年よりフリーに。著書に『伝える力』、『そうだったのか！ 現代史』、『知らないと恥をかく世界の大問題』、『おとなの教養』ほか多数。

世界《せかい》を動《うご》かす巨人《きょじん》たち〈政治家編《せいじかへん》〉

集英社新書〇八二八A

二〇一六年四月二〇日 第一刷発行

著者……池上《いけがみ》 彰《あきら》

発行者……加藤 潤

発行所……株式会社集英社

東京都千代田区一ツ橋二-五-一〇 郵便番号一〇一-八〇五〇

電話 〇三-三二三〇-六三九一（編集部）
〇三-三二三〇-六〇八〇（読者係）
〇三-三二三〇-六三九三（販売部）書店専用

装幀……原 研哉

印刷所……大日本印刷株式会社 凸版印刷株式会社

製本所……加藤製本株式会社

定価はカバーに表示してあります。

ISBN 978-4-08-720828-3 C0231

a pilot of wisdom

集英社新書　好評既刊

テロと文学 9・11後のアメリカと世界
上岡伸雄　0818-F

アメリカ国民はテロをどう受け止めたのか。作家たちが描いた9・11以降のアメリカと世界を徹底考察。

ブームをつくる 人がみずから動く仕組み
殿村美樹　0819-B

数々の地方PRを成功に導いたブームの仕掛け人が、具体的かつ実践的な〝人を動かす〟技術を公開する。

国家戦略特区の正体 外資に売られる日本
郭 洋春　0820-A

日本のGDPの半分以上を外資に売り渡さんとする、亡国の経済政策「国家戦略特区」。その危険性を暴く！

「間」の悪さは治せる！
小林弘幸　0821-I

「間《ま》」のいい人、悪い人の違いはどこにあるのか？　第一線の医師が、「間」をよくする具体的方法を明かす。

愛国と信仰の構造 全体主義はよみがえるのか
中島岳志／島薗 進　0822-A

危機の時代、人々はなぜ国家と宗教に傾斜するのか。気鋭の政治学者と宗教学の泰斗が日本の歪みに迫る！

「文系学部廃止」の衝撃
吉見俊哉　0823-E

大学論の第一人者が「文系学部廃止」騒動の真相とともに、「文系知」こそが役立つ論拠を示す画期的論考！

漱石のことば
姜尚中　0824-F

ベストセラー『悩む力』の著者が、漱石没後一〇〇年に〝名言集〟に挑戦。混迷の時代に放つ座右の書！

イスラームとの講和 文明の共存をめざして
内藤正典／中田 考　0825-A

中東研究の第一人者とイスラーム学者が、世界に先駆けてイスラームと欧米の「講和」の理路と道筋を語る。

「憲法改正」の真実
樋口陽一／小林 節　0826-A

自民党改憲案を貫く「隠された意図」とは何か？　憲法学の権威ふたりによる「改憲」論議の決定版！

ひらめき教室「弱者」のための仕事論 〈ノンフィクション〉
松井優征／佐藤オオキ　0827-N

テレビで大反響。大ヒット漫画の作者と世界的デザイナーによる「弱者」のための仕事論、待望の書籍化！